O véu do silêncio

Dados Internacionais de Catalogação na Publicação (CIP)
(Câmara Brasileira do Livro, SP, Brasil)

Cernuzio, Salvatore
  O véu do silêncio : abusos, violência, frustrações na vida religiosa feminina / Salvatore Cernuzio ; tradução de Frei Ary E. Pintarelli. – Petrópolis, RJ : Vozes, 2023.
  Título original: Il velo del silenzio

  1ª reimpressão, 2023.

  ISBN 978-65-5713-905-9
  1. Cristianismo 2. Mulheres – Vida religiosa – Cristianismo 3. Mulheres – Vítimas de violência 4. Vida religiosa 5. Violência contra as mulheres I. Título.

23-158188   CDD-248.894

Índices para catálogo sistemático:
1. Vida religiosa consagrada : Cristianismo 248.894

Eliane de Freitas Leite - Bibliotecária - CRB 8/8415

Salvatore Cernuzio

O véu do silêncio

Abusos, violências, frustrações
na vida religiosa feminina

Tradução de Frei Ary E. Pintarelli

EDITORA VOZES

Petrópolis

© 2021 Edizioni San Paolo s.r.l.
Piazza Soncino 5 – 20092 Cinisello Balsamo (Milão) – Itália
www.edizionisanpaolo.it

Tradução do original em italiano intitulado *Il velo del silenzio – Abusi, violenze, frustrazioni nella vita religiosa femminile.*

Direitos de publicação em língua portuguesa – Brasil:
2023, Editora Vozes Ltda.
Rua Frei Luís, 100
25689-900 Petrópolis, RJ
www.vozes.com.br
Brasil

Todos os direitos reservados. Nenhuma parte desta obra poderá ser reproduzida ou transmitida por qualquer forma e/ou quaisquer meios (eletrônico ou mecânico, incluindo fotocópia e gravação) ou arquivada em qualquer sistema ou banco de dados sem permissão escrita da editora.

CONSELHO EDITORIAL

Diretor
Volney J. Berkenbrock

Editores
Aline dos Santos Carneiro
Edrian Josué Pasini
Marilac Loraine Oleniki
Welder Lancieri Marchini

Conselheiros
Elói Dionísio Piva
Francisco Morás
Gilberto Gonçalves Garcia
Ludovico Garmus
Teobaldo Heidemann

Secretário executivo
Leonardo A.R.T. dos Santos

Diagramação: Sheilandre Desenv. Gráfico
Revisão gráfica: Fernando Sergio Olivetti da Rocha
Capa: Ygor Moretti

ISBN 978-65-5713-905-9 (Brasil)
ISBN 978-88-922-2719-4 (Itália)

Este livro foi composto e impresso pela Editora Vozes Ltda.

A Maria, minha força e meu amparo

A caridade é paciente. Prestativa é a caridade.
Não é invejosa, não se vangloria, não se incha de orgulho.
Não falta ao respeito,
não é interesseira, não se irrita.
Não guarda rancor, não se alegra com a injustiça,
mas se regozija com a verdade.
Tudo desculpa, tudo crê, tudo espera, tudo suporta.

São Paulo, da Primeira Carta aos Coríntios

Sumário

Apresentação à edição brasileira, 11

Prefácio à edição brasileira, 31

Prefácio à edição italiana, 53

Introdução, 59

Nota do autor, 79

Testemunhos, 91

Elementos de avaliação, 199

Agradecimentos, 225

Apresentação à edição brasileira

William Cesar Castilho Pereira[1]

A Editora Vozes solicitou-me uma apresentação. É possível que esta honra se deva a vínculos afetivos e preocupações semelhantes com relação a reflexões no campo da formação humana presbiteral e religiosa, vínculos esses estabelecidos entre nós contemporaneamente por meio de vários livros publicados pela editora acima citada.

A deferência talvez seja também uma forma de reconhecimento a uma certa opção de vida que tenho praticado no campo da pesquisa presbiteral, sobretudo no tema da análise institucional da vida religiosa consagrada: o adoecimento psíquico, depressão e a síndrome de burnout de padres diocesanos, religiosos e religiosas.

---

1. Psicólogo clínico. Doutor pela Universidade Federal do Rio de Janeiro. Professor emérito da PUC-Minas. Assessor *ad hoc* da Conferência Nacional dos Bispos do Brasil (CNBB) e da Conferência Episcopal Latino-americana, em Bogotá (CELAM). Autor de livros e artigos. Assessor de movimentos sociais.

Desejo expressar, em primeiro lugar, que após ter lido com profundo apreço o livro *O véu do silêncio*, escrito pelo italiano, da cidade de Crotone, Salvatore Cernuzio, compreendi que não poderia tomar esta obra apenas pelo viés de um mero apresentador, mas deveria incorporar-me como mais um participante dessas reflexões sobre abusos, violências e frustrações na vida religiosa feminina. Creio ter sido esse o desafio com que os editores quiseram deleitar-me com esse chamamento de prefaciar esta obra profética.

Véu e silêncio

Neste livro o leitor não encontrará um cenário perfeito da vida religiosa ou alquimia da alma, transformação de chumbo em algo puro e transparente. Pelo contrário, ele há de se deparar com uma reflexão de um grupo de mulheres de diversos continentes e diferentes idades que, depois de anos de silêncio, por medo ou por estar sob pressão psicológica, decidiram fazer ouvir a sua voz para ajudar quem ainda não tem coragem de falar. São gritos e sofrimentos calados de religiosas consagradas feridas. O nome do livro diz tudo: **véu** e **silêncio**. Véu, enquanto cobertura ou couraça para esconder os cabelos, considerados uma parte sensual do corpo feminino. Silêncio, enquanto ausência de expressão da fala. Voto de silêncio obsequioso. Produzir os sentimentos de culpa, com postura de submissão e opressão. Silenciar é gerar humilhação, estigma, desonra e abandono.

A tese fundamental do livro não é uma perspectiva sensacionalista de propagar escândalo. Mas a intenção do autor é humana. Trata-se de uma alquimia de "diamante bruto" que visa a transfiguração de atores religiosos em pessoas humanas. A grande questão que se debate nesse espaço é o limite entre a fragilidade humana e o ideal de santidade. No cotidiano dos seminários, dos noviciados, dos mosteiros, dos conventos masculinos e femininos, os vocacionados vivem um processo humano intenso em busca de comunhão com Deus. Mas, contraditoriamente, no dia a dia essa comunhão com Deus foi confrontada com o poder e não com a autoridade, com o autoerotismo narcisista e não com o prazer do afeto, com o medo e não com a liberdade, com a discriminação racial e não com a diferença.

Abuso espiritual é abuso de poder

O livro questiona o abuso de poder, o excesso de narcisismo regrado numa cultura milenar impregnada dos aspectos patriarcal, racista, machista e de privilégios clericalistas. Tais abusos de poder e sexual são problemas graves e prejudiciais que afetam pessoas de todas as origens, de diferentes idades, incluindo aquelas dentro da comunidade religiosa. Infelizmente, membros do clero têm sido acusados de abuso sexual em vários casos ao longo de décadas.

O abuso sexual cometido por membros do clero pode ter consequências graves e duradouras para as vítimas, incluindo problemas psicológicos, submissão infantil, autoextermínio, dependência escrupulosa e obsessões espirituais. Além disso, pode levar à perda da fé e à descrença de valores religiosos.

As instituições religiosas frequentemente possuem estruturas hierárquicas rígidas, onde os líderes eclesiais têm uma posição de poder significativa sobre os membros da comunidade. Essa relação de poder pode ser amplificada pela vaidade e pelo fato de que muitas pessoas veem seus líderes como representantes de uma entidade divina e, portanto, merecedores de respeito, medo, submissão e obediência.

No entanto, essa relação de poder também pode levar a outros abusos e problemas graves. Por exemplo, a alta hierarquia pode usar sua posição para controlar a vida pessoal e financeira dos membros da comunidade, bem como para silenciar e reprimir as críticas.

A relação de poder nas instituições religiosas pode ter consequências negativas na sociedade civil, como a repressão das liberdades individuais e a promoção de ideias e valores que vão contra os direitos humanos e a igualdade. Tomar o lugar da consciência do outro é, exatamente, o maior abuso de consciência que se pode experimentar. Os abusos de consciência são, em grande parte, consequência do abuso de nomear "em vão" o nome de Deus. Isso significa apropriar-se do "nome de Deus" para justificar interesses próprios e perversos do chefe. O vocábulo "vão" nos faz lembrar de supérfluo, inútil, arrogante, vaidoso, orgulhoso, presunçoso. Líderes vaidosos desejam ardentemente ser iguais a Deus.

A grande mudança

Os religiosos e religiosas tinham, antes do Concílio Vaticano II, privilégios e *status* social, sendo reverenciados e respeitados. Viviam além de qualquer suspeita. Colocavam-se acima da lei e longe de qualquer angústia. A era pós-Vaticano II trouxe uma série de contrastes à vida desses sujeitos: o hábito religioso foi substituído pela roupa habitual, o espaço pedestal à participação enquanto sujeitos; da vida enclausurada ao contexto social de cidadãos; da espiritualidade monástica a uma espiritualidade inserida com o povo de Deus; do trabalho de salvação de almas ao de libertação de excluídos por opressão; de uma afetividade/sexual velada e silenciosa a uma vida afetiva relacional.

Muitos, a partir daí, assumiram uma postura saudosista, lamentando a perda do lugar especial que acreditavam ter, e terminaram por abandonar a instituição Igreja e suas congregações. Por esse motivo, é comum, em várias congregações, que haja uma queda na faixa etária que corresponde à dos integrantes que viveram a vida religiosa no período imediatamente após o Vaticano II.

Nesse período, vários integrantes da vida religiosa foram denunciados por assédio sexual a crianças, pré-adolescentes e a religiosas. Vieram à tona distúrbios de poder entre os próprios pares, sejam religiosos *versus* religiosos ou entre religiosas *versus* religiosas. A questão da vaidade enquanto distúrbio do poder é independente de gênero. Um bom exemplo dessa patologia era a relação entre padres e irmãos ou madres e coadjutoras.

Madres e coadjutoras: mentalidade feudal

As congregações da vida religiosa (masculinas e femininas) despontavam, no século XIX, ainda com as marcas da Igreja medieval: piramidal, patriarcal, hierárquica, racista, estratificada entre aquelas que sabem, possuem e se constituem no poder, e as que nada sabem e devem permanecer imutáveis e fixas na base da pirâmide.

Quase duzentos anos depois, a sociedade amadureceu e a hora chegou trazendo uma nova fermentação de democracia, de igualdade, de compaixão e reconciliação entre os participantes da instituição. Cabe registrar que a virtude da compaixão é diferente do sentimento neurótico de culpa. A compaixão é o desregramento do afeto e da paixão.

Até o Vaticano II a vida religiosa era constituída de forma macroestrutural, uniformizada, verticalizada, pautada por uma espiritualidade medieval negativa em relação aos valores humanos. As forças inconscientes do recalcamento impediam os olhos de verem, os ouvidos de escutarem e a boca de transmitir, por meio da palavra, a linguagem dos sentimentos e dos desejos (**véu e silêncio**). Era uma servidão voluntária e difícil de perceber. Daí surgiram duas classes de religiosos ou religiosas. Os de origem de classe alta/média e os oriundos das camadas mais pobres. Essa divisão econômica sobrepunha a superioridade intelectual entre os que sabiam (portadores de diploma) sobre os(as) analfabetos(as).

Pesquisas recentes, feitas por mim, levaram-me a depoimentos que confirmam o que está expresso acima. Um exemplo é o de uma irmã coadjutora, transcrito abaixo:

> Isso é internacional e também na nossa congregação. Desde o início no tempo da nossa Santa Madre isso era absolutamente permitido, que as classes baixas eram tão analfabetas no nosso tempo e se elas tinham tanta vontade de dedicar a Deus, claro que no trabalho material, porque não tinham como discernir para o trabalho intelectual e fazer alguma coisa. Mas pela virtude, ideal e dedicação, como Marta, amiga de Jesus. Eram felizes e contentes, mas muito trabalho. Quando eu via aquelas irmãs naquele calorão do Colégio Interno, no norte do Brasil, de hábito, meu Deus, lavando 600 pratos da refeição das crianças, fazendo aquelas centenas de camas,

> lavando roupa de toda essa gente e ficando feliz com essa vida religiosa, com todo o sacrifício, dando tudo que ela tinha fisicamente etc., eram felizes porque sabiam que estavam fazendo um trabalho para Deus. Entre nós e elas não podia haver nenhuma comunicação direta. Era apenas através da superiora. Havia de tarde uma reunião de uma meia hora, mas a gente só falava quando fosse chamada pela superiora. Em particular, não.

Evidentemente, as cicatrizes da vaidade e de poder foram introjetadas tanto no nível institucional quanto no nível das relações entre os padres/irmãos, entre irmãs e pessoalmente: ódio, vingança, apatia, indiferença, boicote, discriminação, domínio e, por que não, também afeto e ternura. Como relatado no depoimento que segue:

> Jesus Cristo veio para mim para a igualdade, eu lia demais os evangelhos e eu sempre tive demais aquela pessoa de Jesus Cristo e Ele quer a igualdade das pessoas. Quando eu falava igualdade assim nas reuniões elas achavam que eu queria ser igual a elas, não é isso. É igualdade de direito, de estudar, de ter o que todo mundo tem. Não é que eu não tinha vocação não, é que eu enxergava as coisas. E como se aquilo me criava dentro como se fosse assim um tipo de um ódio. Isso me dava uma espécie de um ódio.

Após o Concílio Vaticano II, no Conselho Geral das Congregações foi decretada a unificação das categorias de padres/irmãos e madres/coadjutoras. Era uma determinação que manifestava a já gradativa insatisfação e aspiração da coletividade. Entretanto, o decreto estava impregnado de estereótipos e nos pequenos grupos já se podia comentar que as marcas sobrepunham os decretos.

Mudança simplesmente por decreto não garante a plena transformação. É claro que era um passo importante. A transformação exige mudanças estruturais e novas atitudes grupais e pessoais. Quanto a essa problemática, atualmente, a grande maioria dos religiosos e religiosas confirma a ocorrência de importantes metamorfoses na instituição. Entretanto, vários participantes dessa situação apontam que a sociedade brasileira, a Igreja Católica e as congregações religiosas carregarão para sempre essa hipoteca social.

> Não temos culpa, mas vamos pagar até a morte. Só depois que nós todas morrermos é que vai começar alguma coisa diferente. Antes disso não vai mudar.

> Nós temos uma dívida social com essas religiosas que foram coadjutoras. Porque nós mistificamos a formação delas dizendo que ela era a vida de Nazaré. E nós a vida apostólica, de Jesus. A vida de Nazaré quer dizer que elas eram as empregadas domésticas dos colégios, hospitais e obras sociais. Mas ao mesmo tempo nós dávamos a formação dizendo: vocês estão vivendo a vida de Nazaré. Veio a mudança, começamos a dar preparo intelectual, mas

> ficou uma mágoa, uma ferida, um complexo. O complexo do negro no Brasil é cultural e na congregação, sobretudo na América Latina.
>
> Nós temos uma dívida social com as ex-coadjutoras. Nós chegamos no Brasil no início do século XX e a primeira coadjutora negra foi recebida em 1957. Hoje é um escândalo pensar nisso, mas aquilo existia. Hoje a gente procura o contrário, dar a elas importância, convivência, mas fica lá dentro a ferida, o complexo do passado.

Essa situação apresenta-se ambivalente na vida institucional religiosa. No primeiro olhar, as ex-coadjutoras apontam que as ex-madres são sempre beneficiadas e ocupam sempre os principais cargos na província, como: provincial, conselho provincial, ecônoma, participante capitular, mestra de noviça etc.

O segundo olhar revela que a estratégia grupal é controvertida: quem vota nas ex-madres para ocupar tais cargos, geralmente, são as ex-coadjutoras. Quando as coadjutoras são solicitadas a ocupar cargos elas demonstram resistência. A estratégia grupal da manutenção do poder, do saber, do prestígio, da acomodação e da resistência de não ter que assumir funções é mantida por ambas as partes de forma tácita, silenciosa e repleta de ganhos secundários. Como dizia Paulo Freire: "o oprimido introjeta o opressor". Geralmente, quem é oprimido, por sua vez, corre o risco de confundir a experiência de Deus com a vontade de poder do superior. Nas comunidades femininas, a modalidade análoga ao clericalismo parece ser a tendência a permanecer pelo maior tempo possível em cargos e funções de superiora, ecônoma e coordenadoras de comunidade.

O depoimento que segue confirma a análise acima:
> Eu constato que o poder está na mão de um grupinho, que talvez seja mais inteligente, e mais preparado intelectualmente e que teve oportunidade de fazer cursos, inclusive de pastoral. São pessoas preparadas, mas são sempre as mesmas, mesmas rodinhas. E não saem de lá. Por quê? Porque não têm outras. Mas deveria haver um outro tipo de governo. Neste ponto tenho um monte de questionamentos e não tenho respostas.

Abuso de poder e sexual: questões de gênero

Em Freud o ensaio *Sobre a mais comum depreciação na vida amorosa* é um texto que traz a concepção da mulher enquanto pessoa degradada ou inferior, como algo essencial para o júbilo de alguns homens[2]. Conforme Freud, à esposa é reservado o sentimento amoroso e, à amante, as manifestações eróticas revestidas de poder depreciativo e inferiorização. Segundo o autor, muitos homens demonstram ambos os sintomas na vida sexual:

---

2. FREUD, S. *Sobre a mais comum depreciação na vida amorosa*. São Paulo: Companhia das Letras, 2013, p. 347 [Obras Completas, vol. 9].

a vergonha ou o excesso de moralidade e a impotência erótica, que se originariam na afeição, extremamente idealizada, à figura da mãe e no tabu do incesto, com associações entre prazer e nojo, permitido e proibido.

Assim, de um lado, tais homens escolhem mulheres segundo o critério familiarista (família burguesa) à imagem materna, obedecendo a aspectos ternos e estéticos; por outro lado, relacionam-se com mulheres degradadas ou inferiores, com as quais é possível viver fantasias de poder e de ódio erotizadas. Tais descontroles emocionais ou atos de violência aparecem em puxões de cabelo, expressões morais, raciais e até comparação com animais: "minha vagabunda", "nêga vadia", "cachorra" e "égua".

A realidade entre homens e mulheres (padres e religiosas) não parece ser muito diferente do que está descrito no texto freudiano e na obra *Casa-Grande & Senzala*, que trata do Brasil Colônia. Semelhantemente, é o que o autor Salvatore Cernuzio escreveu sobre o *O véu do silêncio*. Era atributo das escravizadas servirem sexualmente aos senhores de engenho, em uma situação de submissão que as inferiorizavam e, ao mesmo tempo, gratificavam suas esposas abastadas. Essa construção histórica sobre a sexualidade arrasta-se há muitos séculos e se atualiza hoje, por meio de violência física e assédio moral contra o feminino. Especificamente, no século XIX, o homem herdou dois tipos de papel na sociedade. Um deles era o de provedor econômico, representado bem pela figura de terno e gravata, marido e pai de família. O outro era o aventureiro, desafiador de leis, alguém eventualmente próximo até de "perversões".

A luxúria, enquanto erotização do ódio na questão de gênero[3], é antiga e lendária. Na relação entre o masculino e o feminino, ela parece em alguns momentos não regida pelo prazer, mas pela quantidade de conquistas, glória e superioridade frente à mulher. A relação afetiva que se baseia apenas na obscenidade revela uma vida afetiva imatura, superficial e com pavor à intimidade. Vários desses comportamentos escondem, frequentemente, histórias de grande sofrimento, abusos físicos ou simbólicos, ofensas ao equilíbrio psíquico na formação das crianças.

Segundo Freud, no texto *Tabu da virgindade*:

> não é, apenas, o primeiro coito com uma mulher que constitui tabu e sim a relação sexual de modo geral; quase se pode dizer que a mulher inteira é tabu. [...] Talvez este receio se baseie no fato de que a mulher é diferente do homem, eternamente incompreensível e misteriosa, estranha, e, portanto, aparentemente hostil. O homem teme ser enfraquecido pela mulher, contaminado por sua feminilidade e, então, mostrar-se ele próprio incapaz. O efeito que tem o coito de descarregar tensões e

---

3. PEREIRA, W.C. *Os sete pecados capitais à luz da psicanálise*. Petrópolis: Vozes, 2021.

causar flacidez pode ser o protótipo do que o homem teme[4].

As mulheres de Atenas, por exemplo, eram mantidas no interior de suas casas, nos aposentos a elas destinados, proibidas de aparecer em público. Os homens proprietários eram cidadãos livres, podiam votar e participar da vida pública. Os gregos viam o órgão sexual masculino como mito, reverenciavam o pênis como símbolo da força e produtor da vida: **falo** – símbolo de proteção, segurança, poder, fertilidade e completude. Confundir o símbolo (**falo**) com o objeto parcial (pênis) pode obscurecer a compreensão de questões fundamentais sobre a subjetividade, a masculinidade e a feminilidade.

Na sociedade pós-moderna e de mercado, parece se agravar a recusa do pai, do limite, a negação da diferença sexual e da desigualdade econômica entre os gêneros. Contemporaneamente, evidenciam-se os traços de uma sociedade marcadamente falocrática, patrimonialista, neoliberal, machista.

O horizonte da mística do feminino

Um ponto sinalizado por vários depoimentos neste livro das entrevistadas e que também faz parte da estratificação da vida religiosa é a questão de gênero,

---

4. FREUD, S. *O tabu da virgindade*. São Paulo: Companhia das Letras, 2013, p. 364 [Obras Completas, vol. 9].

a relação de poder e abuso entre masculino e feminino. Vale ressaltar, um jogo de poder nos embates referentes a essas duas posições, presente também em todas as esferas da vida religiosa: seja nas missões, nos colégios pertencentes a instituições, nas obras sociais ou nas paróquias. Esse jogo cria um entrave na convivência com o sexo oposto, que pode ser acentuado, entre outras coisas, por afetos maltrabalhados que surgem como perigosos.

A sociedade patriarcal, patrimonialista, racista, racionalista e machista que dominou o primeiro momento da Modernidade enfraqueceu-se. Uma das consequências dessa mudança são sinais recentes de melhor distribuição de poder entre os gêneros. Ao longo do século XX, por exemplo, o feminismo restabeleceu o direito de a mulher recuperar sua sexualidade e sua força de trabalho. A liberdade afetiva e a independência econômica ajudaram a minar a pretensão de propriedade e controle dos homens sobre as mulheres. Como os religiosos e religiosas têm refletido sobre essa dimensão de gênero?

A reivindicação de igualdade e, ao mesmo tempo, de respeito à diferença entre gêneros exerceu profunda influência sobre a vida religiosa. Infelizmente, porém, a Igreja Católica tem dado apenas pequenos passos para acompanhar essas mudanças.

As mulheres perfazem a maioria dos religiosos católicos no panorama atual do mundo:
> A vida consagrada é, majoritariamente, feminina. De cada 100 pessoas consagradas, aproximadamente 80 continuam sendo mulheres e 20, homens" (PRADO, 2006, p. 9)[5.]

Contudo, as congregações religiosas femininas enfrentam a realidade de redução do número de mulheres consagradas. Vale examinar esse dado cuidadosamente para buscar se, em relação às vocações femininas e tendo em conta a lógica machista que herdamos da sociedade patriarcal, a escassez de busca pela vida religiosa não acontece não só pelas transformações dos tempos e pela ausência de desejo dos sujeitos pela instituição, mas também por falta de espaço digno de realização e valorização da mulher nesse campo dentro da Igreja. Paradoxalmente, a instituição Igreja Católica continua sendo misógina: tem horror ao feminino, é demasiadamente fálica, isto é, centrada preferencialmente no poder masculino. Há desavenças interpessoais entre religiosos e religiosas, distâncias salariais e diferenças de *status*, prestígio e valorização.

Sobre o tema, vejamos o trecho do depoimento de um religioso:

---

5. PRADO, F. Prólogo. In: PRADO, F. (org.). *Aonde o Senhor nos levar*: vida consagrada no mundo. São Paulo: Paulinas, 2006.

> Nós temos dificuldades no relacionamento com as mulheres, eu vejo sobretudo os de mais idade, eu respeito, não sei que formação eles tiveram, eu imagino que dificultou esse relacionamento. Já os mais novos, a gente tem mais intimidade de chegar, abraçar, acolher, conversar com as mulheres que participam conosco nos colégios, paróquias e obras sociais.

A Igreja e vida religiosa não compreenderam que o feminino e o sagrado são aspectos que guardam, entre si, parentesco essencial. Trazem, ambos, a aura do que é indizível, incompleto. Falam da falta, da dimensão do enigma. Vivenciar o sagrado é da ordem do feminino, do não ter, é privilégio do ser de desejo, que busca apenas desejar.

É com a força do feminino – do desejo – que religiosos e religiosas desenvolvem a dimensão mística e profética.

Se a força do feminino, tão próxima da vivência do sagrado, é marca fundamental e indelével para a história da vida religiosa, o encontro também com o masculino, na figura de vários místicos, trouxe o equilíbrio para centenas de congregações, indispensável para que fosse possível disseminar sua atuação. A história está repleta desses encontros: Francisco e Clara, João da Cruz e Teresa de Ávila e outros.

Educar para transformar

As instituições religiosas precisam tomar medidas educativas para proteger as vítimas de abuso do poder e sexual. Além disso, garantir que os perpetradores sejam responsabilizados pelos seus atos. Isso inclui a implementação de um novo modo de viver a masculinidade e a feminilidade e diferentes maneiras de viver a relação de poder. Novas medidas de segurança são necessárias, bem como a realização de capacitação de seus participantes visando prevenir o abuso entre os seus membros.

É salutar que as instituições religiosas ofereçam apoio e recursos às vítimas para ajudá-las a superar as consequências de seus traumas. É fundamental que as instituições religiosas trabalhem para restaurar a confiança da comunidade e garantir que situações semelhantes não ocorram no futuro. Os fatos de violência de poder e sexual despedaçam os tecidos sociais e esgarçam os vínculos comunitários empobrecendo o cotidiano. A vida fica insossa e insubstancial. Declina o flerte com os objetos amorosos: pessoas, ideais e utopias ativas.

O abuso de poder e sexual é uma questão psicossocial. Não é uma doença individual. É um problema de todos. É um fenômeno socioantropológico. É uma patologia social que atinge pessoas devido a forma de lidar com o poder, o prazer, o prestígio e as leis institucionais.

Por essas razões, é importante que as instituições religiosas mantenham uma estrutura de poder saudável e equilibrada, na qual os líderes religiosos sejam responsáveis perante os membros da comunidade. Além disso, é importante que as instituições religiosas trabalhem para promover a igualdade e a justiça, e que tomem medidas para proteger as pessoas contra abusos focando a acolhida e a compreensão do sofrimento das pessoas violentadas. É digno desenvolver programas de "posvenção" nas instituições: espaços de acolhimento, primeiros cuidados terapêuticos e rodas de conversas.

Salvatore Cernuzio não escreveu apenas um livro sobre abuso e violência de poder e sexual. Ele congregou a atenção social e eclesial para esse grave problema. Este livro reflete sua maneira de pensar e viver a fé cristã. Contém o que é importante para prevenir o grave problema da violência de gênero, mas contém a experiência ímpar de um leigo cristão e sua sabedoria.

Prefácio à edição brasileira

Bárbara P. Bucker, MC

O trabalho realizado pelo jornalista vaticanista Salvatore Cernuzio e o interesse da Editora Vozes em fazer chegar esta tradução ao público do Brasil são, sem dúvida, uma excelente oportunidade para se refletir caminhos de concretude de uma vida ancorada na verdade de sua realidade humana e comprometer-se na busca de refazer e ajustar condutas na base dos variados modos de relacionamento no âmbito da vida religiosa em geral, e mais especificamente da feminina em questão.

Configurada no passado como égide que quis garantir um caminho tido culturalmente de uma vida "santa" porque dedicada a Deus, a vida religiosa nos tempos atuais é desafiada a considerar com maior profundidade a importância da descoberta do ser humano como sujeito, e o lugar da intersubjetividade, para viver as consequências disso na superação de situações pouco humanas, e de ocultamento ao de Deus, que nega o mistério da Encarnação.

Os vários tipos de abusos que ocorrem nos inúmeros tipos de relações apontam para a necessidade de esclarecimento e aprofundamento do modo de ser de cada pessoa, para não distorcer o que caracteriza a beleza desta opção de vida, desviando a finalidade de ser livre e de gratuitamente colocar-se no serviço dos demais, como um dos caminhos de realização e felicidade pessoal, garantida como promessa do Mestre Jesus de Nazaré, o Filho de Abbá, que veio para que "todos tenham vida, e vida em abundância" (Jo 10,10).

Estas páginas constituem uma oportunidade para fazer acontecer espaços de crescimento e também provocação que anime ao amadurecimento humano cristão, que contribuam no suceder da caminhada de *aggiornamento* sugerido pelo Concílio Vaticano II, distante de nós passados já sessenta anos.

O que é testemunhado pelas pessoas entrevistadas, no contexto do cuidado ético de sigilo das instituições e anonimato pessoal das identidades, deve fazer pensar e ajudar na revisão *ad interno* das inúmeras estruturas que constituem as variadas relações humanas como um caminho a ser superado no processo de humanização, muito necessário para que a fé se expresse na vida concreta e seja um belo testemunho da saúde e integração pessoal no seguimento de Jesus.

O esforço e coragem destas pessoas para sair do silenciamento e ocultamento de situações constrangedoras em uma efetiva colaboração merece uma revisão séria das condutas, trazendo luzes ao público de realidades distorcidas em nome do sagrado, fazendo crer que o caminho de identificação com Jesus Cristo coincide com o da anulação do humano para a conservação do "bom nome e prestígio" de um modo de pautar o existir, que por séculos deixou gravado no imaginário coletivo, como uma "vida de perfeição", para que a decisão a ser tomada, diante dos fatos que ainda persistem em se apresentar de modo bizarro e desencorajador, seja exorcizada.

Uma renovada tomada de consciência deve garantir o processo de identificação com aquele que se fez "Caminho, Verdade e Vida" (Jo 14,6), principal referencial a ser considerado neste modo de existir como Igreja, neste estilo de vida, que é válido como construção de fazer transparente o *Alter Christus* de sujeitos e instituições que queiram considerar o 'seguimento de Jesus' como resposta ao apelo de uma vida doada em abundância.

Importa considerar o que oferece o pensamento ético da pessoa "como fim em si mesma" elaborado por Karol Wojtyla como professor de Ética antes de seu pontificado, que requer um método apropriado que leve à responsabilidade da pessoa em todas as esferas de seu atuar.

Para este prefácio, interessa ressaltar as referências do modo peculiar no uso prático do imperativo categórico kantiano que distingue o "fim" dos meios. A pessoa humana é "fim em si mesma" e nunca pode ser um puro meio para ninguém. O conceito de "pessoa" pode ser claramente definido em torno ao mistério da Trindade e à Encarnação do Verbo. Daí a particular contribuição do conceito de pessoa dentro do cristianismo à filosofia, chamando atenção a tentativa do estudo fenomenológico da relação entre a pessoa e seu atuar.

A pessoa tem uma dignidade que lhe corresponde por sua característica de "fim em si", e talvez em nenhum outro texto de Wojtyla se afirme com tanto vigor o seguinte: "Ninguém tem direito de servir-se de uma pessoa, de usar dela como um meio, nem sequer Deus seu criador". E explica: "Da parte de Deus é impossível, porque, ao dotar a pessoa de uma natureza racional e livre, conferiu-lhe o poder de designar ela mesma os fins de sua ação, excluindo com isso toda possibilidade de reduzi-la a não ser mais um instrumento cego que serve para os fins de outra pessoa. Por conseguinte, quando Deus tem a intenção de conduzir os seres humanos para certos fins, primeiro os faz conhecer, para que possa fazer-se seus, e tender para eles livremente.

Nisso consiste, como em outros pontos, o mais profundo da lógica da Revelação: Deus permite ao ser humano conhecer o fim sobrenatural, mas deixa à vontade de sua decisão de tender para ele, e de acolhê-lo. Por isso, Deus não salva sem a livre-participação do sujeito; e, à diferença de todos os objetos de ação que não são pessoas, o ser humano não pode ser um meio da ação de outros.

O filósofo Immanuel Kant formulou este princípio elementar da ordem natural no imperativo: "atua de tal maneira que não trates nunca a pessoa do outro simplesmente como um meio, mas sempre como um fim de tua ação". À luz destas considerações, o princípio personalista ordena: "Cada vez que a conduta de uma pessoa é o objeto de uma ação, não se deve esquecer que, não se pode tratar somente como um meio, como um instrumento, mas que se deve levar em consideração o fato de que ela mesma tem, ou pelo menos deveria ter, seu próprio fim". Assim formulado, este princípio se encontra na base de toda liberdade bem-entendida, e sobretudo da liberdade de consciência.

Isto quer dizer que admite não só a ação individual, mas também a ação coletiva, na qual de alguma maneira umas pessoas são meios para outras. Isto é legítimo se em todas as pessoas implicadas na ação "junto a outras" existe claridade do fim da ação coletiva e dos meios para isso, e a aceitação livre por parte de todos.

Minha experiência docente confirmou que os estudantes assimilam com claridade este princípio fundamental que lhes orienta no campo de seus juízos éticos, desenvolve algo assim como um "instinto" para reconhecer a "manipulação" nos diversos campos da vida.

Ao partilhar esta experiência explicarei brevemente a fenomenologia do pessoal, as relações entre seres pessoais, a lógica da gratuidade e da doação, e finalmente as aplicações deste pensamento para a vida concreta religiosa feminina como expressão da doutrina social da Igreja.

A pessoa como "fim em si mesma" é o centro do que se deve considerar em relação com o exposto. Com muito cuidado para não extrapolar o que neste caso interessa assinalar, que existe um certo tipo de "ações" que só podem ser realizadas por um certo tipo de seres qualificados como "pessoas". E este dado básico só tem como caminho de acesso o da fenomenologia da consciência.

Para se compreender a importância do "ser pessoal" é necessário aceitar a distinção entre "ser humano" e "ser pessoa". O humano e o pessoal parecem confundir-se como sinônimos, e na verdade não é assim. O humano nos distingue claramente como uma espécie (animal racional) dentro de todo o cosmos. Captamos nossa diferença específica pela razão e liberdade, duas notas que nos distinguem dos demais seres dentro do conjunto global do universo pela razão de que somos capazes de regular nossa conduta social fundada na reciprocidade de ações e interações dos bens que compõem cada sujeito.

O ser humano é muito mais do que um ser distinto dentro de um todo cósmico. Cada ser humano é um todo em si mesmo porque os humanos, segundo os conhecimentos que tenham cada um, são os únicos seres capazes de autoconhecer-se, autodeterminar-se e autorrealizar-se. O ser humano é sobretudo uma "pessoa". Constrói sua vida desde sua interioridade, e não a vive regida somente por "estímulos" diante dos quais reage, mas "constrói" a sua própria vida a partir de uma autoconsciência de liberdade. Daí, que o que se apresenta nas entrevistas seja escandaloso desde o humano das implicações relacionais, e revele os egoísmos de manipulações interesseiras de uns sobre outros.

Somos todos seres "dentro" do cosmos, e seres "fora" do cosmos, ou melhor ainda, "diante" do cosmos, pela liberdade humana, com todos os seus condicionamentos e limitações que nos fazem "donos" de nossa existência, e isso se faz patente pela reflexão de cada fenômeno a ser digerido. Daí que nenhuma instituição pode impor um modelo hermético de comportamento anulando o significado dos valores como garantia do respeito no espaço de compreensão e assentimento do que for proposto em nome de Deus e do sagrado.

Desde a origem da filosofia se tratou de compreender o fato do conhecimento, e com uma feliz comparação se falou do "conceito". Todo conhecimento é como um "gerar" no mundo da inteligência uma realidade que se explica por dois fatores – o mundo exterior e a própria mente humana –, daí que o critério da verdade foi colocado na adequação da "res" com a "mens"; a ideia é uma "concepção".

O acesso do saber humano não se limita ao tomar conhecimento dos conceitos, e das representações do mundo exterior, porque o sujeito que conhece o humano é ao mesmo tempo um ser humano, é sujeito, o que não acontece com o resto do conhecer.

A palavra "consciência" em seu tríplice significado, como substantivo (minha consciência), como advérbio (faço algo com consciência), e como reflexivo (sou consciente de ter minha consciência). Pode-se afirmar que diante do modo humano de conhecer o cosmos pela "representação" de nossos conceitos temos outro modo singular e único de nos experimentar como sujeitos do conhecimento e ao mesmo tempo "objetos" do mesmo. Isto sucede quando o ego se autoconhece, quer dizer, aparece "duas vezes" na consciência, como sujeito (ego) e como objeto (eu mesmo), porque o sujeito se conhece a si mesmo como objeto.

Esta experiência é única, e só o próprio eu pode dizer: "eu a tenho", e se refere sempre a si mesmo, de modo que o acesso se dá por dois caminhos: o conhecer por representação que é exterior a mim, e o de ter a experiência de "mim mesma" que se experimenta somente "por dentro", o que corresponde a "humanidade própria", e conhece a humanidade dos demais "por fora" e por representação.

O preceito evangélico que aparece também em outras religiões, de "amar o próximo como a si mesmo", supõe este tipo de estrutura do conhecer próprio e alheio, mas de uma humanidade que nos é comum.

Adotando a distinção do "ser humano" como um ser que se caracteriza por sua razão e liberdade entre os outros seres – e o de "ser pessoa" como o ser que se autoconhece como um "si mesmo", que também se autodetermina e se autorrealiza –, só a categoria da "pessoa" é apropriada para compreender a relação de seres humanos entre si.

A tradição bíblica da criação distingue a criação do cosmos em seis dias e a criação do ser humano ao final do sexto dia, e o Criador olha o realizado e constata que "era bom", mas depois de criar a humanidade acrescenta algo mais significativo, e diz que o feito "era muito bom".

O Criador só dialoga com os seres humanos e lhes ordena "cuidar o mundo", e "respeitar-se e amar-se para prover a vida". Esta distinção de momentos e mandatos nos permite compreender a pessoa como meta da criação da humanidade, e os demais seres da criação como um caminho a ser percorrido para este "fim". A razão e a liberdade nos permitem "cuidar e zelar as coisas deste mundo", e aí têm pleno sentido as ciências e as técnicas que transformam objetos, ou meios de nosso atuar. Mas para reconhecer o caráter pessoal de "fins em si mesmos" é preciso superar as fronteiras de somente "saber para cuidar".

Pela razão e liberdade pode-se cuidar das coisas, mas também regular condutas humanas desde certas perspectivas. A razão e a liberdade podem regular nossas condutas enquanto referidas à reciprocidade na troca do mercado e o ajuste da autoridade e a participação democrática dos cidadãos. Neste domínio os aspectos de utilidade que têm os objetos ou as relações humanas vinculadas com esses objetos nos permitem ordenar cientificamente os intercâmbios do mercado e do Estado com a lógica da reciprocidade. Mas as leis do mercado e do Estado vão além de sua legitimidade quando pretendem fazer-se leis absolutas sem referência aos valores éticos. Podemos aí afirmar que as leis existem para legitimar a vida e não para reduzir a vida à condição escrava da lei. O processo, portanto, é o de humanização da lei como garantia da vida em abundância.

A ação humana não só se refere a coisas ou ações que se trocam em reciprocidade, mas é o atuar de um ser pessoal que tem seus fins, e estes se expressam nos valores que devem orientar sua conduta enquanto sujeito. Ao não aceitar a validez dos juízos de valor, as instituições acabam por aceitar unicamente as leis que regulam o uso dos objetos e excluem as orientações que provêm da pessoa, desde sua subjetividade e capacidade de colocar fins para si mesma e para seus semelhantes; isso é o que nos surpreende nos vários testemunhos das entrevistas realizadas nas representações da vida religiosa feminina.

Merece atenção considerar que tanto o mercado como o Estado são instrumentos e não fins, e quando estes são absolutizados produz-se uma "inversão" de valores e as pessoas se tornam "instrumentos" de seus mecanismos, que terminam sempre na acumulação da riqueza e do poder como finalidades do saber, do poder e da manipulação dos referenciais religiosos, o que se pode constatar em cada um dos casos das entrevistas realizadas.

A lógica da gratuidade e da doação

Com as considerações que seguem, seria de muito proveito que a vida religiosa feminina especialmente levasse a sério o que nos diz a encíclica social de Bento XVI *Caritas in Veritate*, que nos recorda outra lógica diferente da reciprocidade e que só pode ser entendida desde o conceito de pessoa, que é a lógica da gratuidade.

A vida humana não pode ser orientada exclusivamente pelo critério da utilidade se a entendemos como meio de satisfazer necessidades individuais ou sociais. Tampouco pode identificar-se a vida humana somente com a vida adulta. Existem etapas de vida desde a infância até a ancianidade, onde não pode reger a reciprocidade de troca; é preciso nestes extremos da vida "dar muito" a estas pessoas e "receber pouco" delas, e inclusive dar tudo e receber nada.

O critério da utilidade parece exigir a reciprocidade no intercâmbio, enquanto que o critério da gratuidade coloca outro nível de compreensão. Aqui vemos a vantagem da distinção entre "ser humano" e "ser *persona*". A lógica da gratuidade se compreende desde a categoria da pessoa; ou seja, das relações que não estão governadas pelo equilíbrio do recíproco, mas pelo equilíbrio da doação, o que constitui essencialmente a opção regente da vida religiosa dentro da Igreja.

Tanto as crianças como os anciãos, ainda que não possam contribuir para as soluções da convivência, necessitam receber da sociedade e instituições o necessário para viver com dignidade sua existência pessoal. Precisamente por sua situação de fragilidade manifesta-se a facilidade de marginalizá-los com os cálculos racionais de recursos econômicos. É sintomático que a tentação de encurtar gastos do pressuposto das nações, e dentro delas até mesmo das instituições religiosas, afete diretamente o setor da saúde e da educação e fere de forma direta as vidas em todos os seus estágios.

Se considerarmos toda a vida em toda sua amplitude, faz-se evidente que ninguém pode garantir sua vida pela solidão absoluta, a menos que considere só como vida a idade adulta, o que já é um prejuízo metafísico, nascido da capacidade de luta entre fortes. A vida humana é total, desde o nascer até o morrer, e está tecida por relações interpessoais, daí a distinção do humano e do pessoal.

No campo "metafísico" para além da experiência fenomenológica, nos perguntamos pelo "ser", mas desde a perspectiva teológica das relações entre as pessoas da Trindade. E o Papa Bento XVI dedica algumas reflexões ao tema, qualificando as pessoas divinas como "relações puras" no sentido de que o "próprio" de cada pessoa, ponto essencial, se queremos falar de pessoas no que se refere à identidade de cada uma delas, é o "ser para" a outra.

Este tipo de reflexão tem que superar a ordem dos seres materiais e caracterizar-se por aquilo que a teologia trinitária sustentou sempre; quer dizer, a "pericorese", o estar presente um ser espiritual em outro ou outros, ou a reflexividade é propriedade do espírito e não da matéria. O mútuo "estar em" outros ilumina em algum grau o mistério da Trindade, ponto essencial do encontro pessoal de cada um com o que lhe é sugerido pelo viver a fé cristã.

O caráter de um ser cuja íntima essência é a doação nos permite falar do "ser doado", ou o "ser", como aquele que se "doa", característica mantida pelo estilo de vida religiosa consagrada. Tal doação supera o intercâmbio de reciprocidade e só se entende desde a gratuidade do ser que se doa ao outro. Só a pessoa é capaz de doar-se e só pode fazê-lo na relação com outro ser pessoal.

O próprio da gratuidade é precisamente o sair do marco da reciprocidade, que em termos da vida humana é o dar "muito" e receber "pouco" ou nada, exigido sobretudo na infância e na etapa da ancianidade e mantido por uma vida adulta consciente da importância dos valores desde a gratuidade, e não de um poder que se impõe sem uma consciência incorporada e assumida livremente.

A fenomenologia da reciprocidade e da gratuidade nos permitem aproximar-nos ao conceito análogo de pessoa para compreender o pessoal humano e o divino. Uma aproximação que nos permite entender por que no Gênesis Deus dialoga somente com os seres criados à sua imagem e semelhança. Será que podemos nos perguntar se nesta distinção da "imagem e semelhança" do próprio de cada ser, mesmo que não se exclua ninguém, existe um elo que associa nos grupos de humanos uma afinidade de pertença?

Atender a vida que nasce e cresce nos seus primeiros anos de vida não é somente um sinal de respeito à dignidade da pessoa como um "fim em si", mas reconhecê-la como um ser que vai se tornando capaz para autorrealizar-se em seu próprio futuro, superando as realizações de sua etapa infantil. Mas o Evangelho parece indicar-nos uma pista para poder compreender adequadamente o mistério do Reino dos Céus ao dizer-nos que é preciso "tornar-se como crianças". A descrição da etapa da infância está caracterizada pela alegria e serenidade diante da presença física da pessoa amada, ou pela tristeza e medo diante de sua ausência. A tragédia maior da humanidade adulta é a solidão, o fracasso das relações mútuas, a desconfiança, o medo e a insegurança diante daquilo que pode vir ocorrer. A fé ajuda aos adultos a "fazer-se como crianças" em referência às dificuldades da vida naquelas que se exercita em colocar a confiança em Deus.

A gratuidade da doação exige, desde a necessidade da criança e do ancião principalmente, que seja considerado pelas exigências do amor mútuo de caráter relacional a salvaguarda dos valores do respeito e da descoberta de um caminho de aprendizado no acolhimento do outro, em suas múltiplas variantes sociais e culturais, de modo que sejam abraçadas como um percurso de enriquecimento mútuo e não de ameaça, o que parece ocorrer por parte daqueles que, inseguros, têm que se deparar com responsabilidades de liderança na multiforme oportunidade de reger fazendo surgir o melhor de cada sujeito pessoal.

Considerações para a vida religiosa feminina na vivência da doutrina social da Igreja

A encíclica *Caritas in Veritate* pretende unir as duas palavras numa relação fecunda para o desenvolvimento da humanidade na era da globalização. A caridade sem verdade é "cega", porque não vai às raízes dos problemas e pode ficar em um ingênuo sentimentalismo. Mas a verdade sem caridade se faz "estéril", porque são muitas coisas as que já sabemos, mas não queremos aplicar para o bem da humanidade porque existe interesses de grupos reduzidos de poder.

Certamente a globalização supõe uma visão mais ampla de recursos e de influências complexas nos problemas. O Magistério da Igreja busca abrir horizontes, e aqui limito-me somente ao aspecto que me interessa expor: a diferença da lógica da reciprocidade e da gratuidade.

A encíclica coloca um espaço social entre os polos do mercado e do Estado, que é denominado como "sociedade civil", quer dizer, espaço de iniciativas e de propostas sociais que as pessoas livremente organizam enquanto consumidoras e cidadãs responsáveis. A possibilidade de iniciativas e colaborações surgidas "desde abaixo", e não desde o controle dos poderes econômicos e políticos, é expressão de um conjunto de direitos que foram defendidos pelo princípio da subsidiariedade, quer dizer, da ajuda sobretudo do Estado às "organizações intermediárias" que, com frequência, se organizam sem fins lucrativos, mas com clara consciência de um serviço ao bem comum. A vinculação deste espaço social com o princípio de gratuidade é muito clara.

Na situação atual da tecnologia cibernética o espaço da sociedade civil se amplia pela intercomunicação rápida e da capacidade universal. A solidariedade em projetos humanitários toma dimensões globais graças a uma possibilidade de comunicação também global. A técnica avança em ritmos acelerados, mas o sentido de responsabilidade ética nem sempre acompanha este processo.

O problema central da cultura de nosso tempo se formula desde o extraordinário progresso da técnica e do escasso avanço da ética. A tecnologia avança inclusive para novas reformulações do ser humano e sua vida no universo, a globalização é regida pelos mecanismos de realidades objetivas que vão deixando de lado as aspirações subjetivas da pessoa nas relações interpessoais responsáveis e livres.

Com isso não se trata de diminuir a importância dos avanços da tecnologia que vão produzindo efeitos positivos na vida humana, mas o de lamentar o escasso desenvolvimento de outras dimensões humanas que "dariam sentido" ao progresso tecnológico.

A aplicação desta distinção entre "o humano" e "o pessoal" nos permite compreender melhor a doutrina do Papa Bento XVI em *Caritas in Veritate*, que pode ter muita influência nas aplicações sociais, e em geral no diálogo interdisciplinar da teologia, filosofia e ciências sociais.

O conceito de pessoa, utilizado analogicamente na teologia para compreender o diálogo de Deus com a humanidade, coloca este conceito em um "plus" de um "além" da física e, portanto, o de uma "metafísica", mas não no campo da natureza exterior, senão no campo da consciência humana.

Uma das contribuições principais da encíclica é a revisão sobre a arbitrariedade da exclusão dos valores éticos na economia e na política. O papa não vacila em qualificar esta tendência como "ideologia". Com efeito, a ideologia em sentido positivo ajuda a fixar metas e fins das ações sociais, mas em sentido negativo substitui a objetividade do conhecer científico pela arbitrariedade de juízos que deformam o sentido correto da ciência. Com vigor insiste Bento XVI em ressaltar o caráter ideológico de uma economia que passa do "meio útil" do desenvolvimento ao "fim absoluto" da multiplicação e acumulação da riqueza como fim em si mesma. E o mesmo sucede com a política.

Neste sentido uma economia que incorpore dentro de seu funcionamento o princípio da gratuidade tem uma função social pelo equilíbrio, pela multiplicação de pequenas iniciativas, pela expansão da confiança, aspecto intrinsecamente necessário para uma economia sadia.

A ecologia é um campo onde o afã de riquezas imediatas conduz ao deterioramento inevitável e duradouro das condições do ambiente. O abuso dos recursos naturais manifesta de forma muito crua o afã de ganhos individuais imediatos que deixa os custos de saneamento para a sociedade. As tragédias dos acidentes do petróleo, os perigos do uso nuclear como recurso energético, são advertências muito claras de que não temos criado ainda as condições adequadas para a exploração desses recursos.

A magnitude de problemas que ocorrem para a humanidade inteira por falhas em suas técnicas de exploração de recursos e utilização de fontes energéticas, como a nuclear, deveria chamar a nossa atenção para desenvolver na humanidade os critérios de controle dos meios e respeito das pessoas como "fins em si". É certo que a tragédia nuclear do Japão teve como causa a fúria da natureza, dos terremotos e dos tsunamis, mas estas tragédias de ordem natural não podem ser previstas nem controladas. Por agora devemos aprender a ser mais cautelosos em nossos modelos de desenvolvimento, tanto nos aspectos das forças naturais como das consequências sociais. O princípio da reciprocidade, muito apto para as relações de seres humanos adultos entre si, pode fazer reagir nossas construções sociais, mas só o princípio da gratuidade, característica de seres pessoais que mutuamente se respeitam como fins em si, pode nos garantir um futuro humano e humanizador.

Se formos capazes de dizer e viver como é atribuído a Santo Agostinho: "amo, quero que sejas", porque de alguma forma o amor tem a ver com o divino, porque o amor é "êxtase", no sentido do caminho constante do eu fechado em si mesmo para a libertação do eu, para a entrega e, justamente assim, para o encontro de si mesmo. Isso é um processo que permanece continuamente em andamento, porque o amor jamais está "pronto" e completo; muda ao longo da vida e amadurece e, justamente assim, permanece fiel a si mesmo (cf. *Deus Caritas est* 5; 6; 17).

E dentro dos critérios que regem a vida religiosa feminina se defende na teoria quando se quer tratar do tema de governo, o princípio de comunhão que visa fomentar a intercomunicação entre as pessoas, ouvir incansavelmente para a expressão da busca do sentido da vida e missão, os dons e ministérios próprios de cada um para a riqueza do todo institucional. O princípio de autoridade como serviço de amor ao estilo de Jesus Cristo, que veio para servir na descoberta da vontade de Deus, que é a manifestação de sua bondade. O princípio de participação que compromete na colaboração ativa da busca dessa vontade de Deus para o bem comum, realizando o bem de todos. O princípio de subsidiariedade constituída no escutar, acolher, promover e facilitar que cada pessoa e comunidade assuma a responsabilidade dos trabalhos e competências comportamentais. E por último, o princípio de corresponsabilidade que requer confiança, liberdade e responsabilidade para a realização da missão. Diante desta panorâmica, como decodificar o sentido que obstaculize o estudo e as competências para uma vida saudável de serviço e entrega para os demais?

Termino com o destaque que faz Tomás Halík em seu livro *Quero que sejas – Podemos acreditar no Deus do amor?* Também eu, como esse autor, não duvido que tudo o que sentimos e pensamos atravesse primeiramente os inúmeros portões de nosso "mundo natural", nosso organismo, nosso ambiente, a cultura em que nascemos, nosso corpo e nossa psique, tudo isso que faz parte do mundo, corredor fragmentado pelo qual corre o rio da vida, na noção primordial da humanidade que afirma o bem e a mansidão que não podem ser vistos como mero produto de nós mesmos e do nosso mundo, mas como presente, como dádiva. Amém.

Prefácio à edição italiana

Este livro de testemunhos faz-nos ouvir os gritos e os sofrimentos, com demasiada frequência calados, de mulheres consagradas que entraram em comunidades religiosas para seguir a Cristo e se viram tomadas por situações dolorosas que, na maior parte das vezes, as levaram a deixar a vida consagrada.

O autor ouve suas histórias com empatia, para dar voz a mulheres feridas que buscam reconstruir-se e fazer ouvir sua experiência, suas lutas, sua esperança. Desse modo, contribui para aumentar a nossa consciência sobre os problemas de abusos na vida religiosa, dando prioridade à escuta das vítimas que não se sentiram ouvidas, respeitadas, reconhecidas e bem-acompanhadas em sua comunidade. Quero prestar uma homenagem a essas mulheres que, corajosamente, aceitaram falar e dar seu autêntico testemunho. Devemos escutá-las, ouvi-las e tomar consciência de que a vida consagrada, na sua diversidade, como outras realidades eclesiais, pode gerar tanto o melhor como o pior. O melhor, quando os votos religiosos de pobreza, castidade e obediência são propostos como um caminho de crescimento humano e espiritual, um caminho de amadurecimento que faz crescer a liberdade das pessoas, porque "a autoridade é chamada a promover a dignidade da pessoa". O pior, quando os votos religiosos são interpretados e vividos de maneira a infantilizar, oprimir ou, até, manipular e destruir as pessoas.

Portanto, este livro nos convida a olhar a realidade de frente, a dizer a verdade, a descobrir os possíveis caminhos de acompanhar as pessoas que sofrem na vida religiosa, ou que dela saíram e devem reconstruir a si mesmas. Mas, sobretudo, a procurar a maneira de prevenir esses possíveis desvios, ajudando as comunidades religiosas a adotar um estilo de vida sempre mais solidário. Com efeito, como nos recorda o Documento Preparatório do próximo Sínodo sobre a sinodalidade na sua primeira parte, que define o contexto desse processo eclesial: "Porém, não podemos esconder de nós que a própria Igreja deve enfrentar a falta de fé e a corrupção também no seu interior. Em particular, não podemos esquecer o sofrimento vivido por menores e adultos vulneráveis por causa de abusos sexuais, abusos de poder e abusos de consciência cometidos por um bom número de clérigos e pessoas consagradas. Como povo de Deus somos continuamente interpelados a assumir a dor de nossos irmãos e irmãs feridos na carne e no espírito: por demasiado tempo, o grito das vítimas foi um grito que a Igreja não soube ouvir suficientemente. Trata-se de feridas profundas que dificilmente cicatrizam, das quais jamais se pedirá o devido perdão, e que constituem obstáculos, por vezes imponentes, para prosseguir na direção do 'caminhar junto'. Toda a Igreja é chamada a avaliar o peso de uma cultura impregnada de clericalismo, herdado de sua história, e de formas de exercício da autoridade sobre os quais se inserem os diversos tipos de abuso (de poder, econômico, de consciência, sexual). É impensável uma conversão do agir eclesial sem a participação ativa de todas as componentes do povo de Deus; ao mesmo tempo, pedimos ao Senhor a graça da conversão e a unção interior para poder exprimir, diante desses crimes de abuso, o nosso arrependimento e a nossa decisão de lutar com coragem".

Portanto, todos somos chamados a tomar consciência dessas práticas errôneas de obediência e de exercício da autoridade na Igreja, que, infelizmente, surgiram tanto nas paróquias quanto nas velhas e novas comunidades de vida consagrada ou associações leigas. Devemos ouvir o forte apelo do Papa Francisco à conversão pastoral, exigindo que abandonemos o modelo clerical da Igreja e entremos numa visão de Igreja sinodal, que compreende a escuta e a participação de todos e a assunção de responsabilidades conjuntas. Porque todos, batizados, discípulos missionários, têm iguais dignidades e devem ser considerados sujeitos e atores da missão. Todos, habitados pelo Espírito, são chamados a fazer ouvir sua voz. Para continuar a anunciar a Boa-nova do Evangelho no mundo de hoje, a Igreja deve redescobrir e pôr em prática a sinodalidade, que faz parte de sua própria natureza. Isso significa discernir os modos de viver essa dinâmica de comunhão, esse "nós" eclesial que respeita e integra a diversidade do "eu" individual, esse acolhimento e valorização da diversidade dos carismas, porque o Espírito Santo fala em cada um e a obediência na Igreja deve ser sempre uma escuta comum do Espírito.

Em certo sentido, através deste livro, Salvador Cernuzio nos dá uma percepção muito concreta daquilo que a Congregação para a Vida Consagrada claramente evidenciou no seu importante documento de orientação *Para vinho novo, odres novos* (2017): o desafio de uma necessária renovação e de uma justa formação para o exercício da obediência e da autoridade. O documento acentua: "Em alguns casos, a colaboração não é promovida pela 'obediência ativa e responsável' (29), mas pela submissão infantil e pela dependência escrupulosa. Desse modo, a dignidade da pessoa pode ser prejudicada até a humilhação. Nessas novas experiências, ou em outros contextos, a distinção entre o foro externo e o interno não é sempre, corretamente, considerada e, devidamente, respeitada" (30).

Assim, nesta mudança de época em que vivemos, devemos reconhecer que: "Obediência e serviço da autoridade continuam questões altamente sensíveis, mesmo porque as culturas e os modelos passaram por transformações profundas, inéditas e, sob certos aspectos, talvez também desconcertantes, ao menos para alguns. No contexto em que vivemos, a própria terminologia de 'superiores' e 'súditos' já não é adequada. O que funcionava num contexto piramidal e autoritário de relações já não é desejável nem vivível na sensibilidade de comunhão do nosso modo de entender e querer-se Igreja. É preciso ter presente que a verdadeira obediência não pode deixar de pôr em primeiro lugar a obediência a Deus, tanto da autoridade quanto de quem obedece, como não pode deixar de referir-se à obediência de Jesus: obediência que inclui seu grito de amor: *Meu Deus, meu Deus, por que me abandonaste?* (Mt 27,36) e o silêncio de amor do Pai".

Que este livro, que nos convida a olhar para o lado escuro de algumas realidades da vida consagrada, nos ajude a perceber e cumprir o urgente convite do Papa Francisco "a todas as comunidades do mundo [para] dar especialmente um testemunho de comunhão fraterna que se torne atraente e luminosa. Que todos possam admirar a maneira como cuidais uns dos ouros, como mutuamente vos encorajais e como vos acompanhais" (26).

Nathalie Becquart, xmcj
Subsecretária da Secretaria Geral do Sínodo dos Bispos

Introdução

Quando decidi escrever para *La Civiltà Cattolica* um artigo sobre o problema dos abusos nas congregações femininas[6], não imaginava que recebesse uma atenção e uma ressonância tão fortes. Logo recebi cartas e e-mail de religiosas, ex-religiosas, sacerdotes e leigos de diversas partes do mundo. Algumas delas críticas; a maioria, porém, compartilhando plenamente o tema. Inclusive, encorajando a continuar tratando do tema. Contudo, o que mais me tocou é que em seus relatos emergem características comuns: por exemplo, a tendência de manter no cargo sempre as mesmas pessoas por longos anos, até mais de 30-40 anos. Isso encerra em si graves riscos para quem exercita a autoridade: a tendência a identificar-se com o papel e a confundir o próprio querer com a vontade de Deus, até a impô-lo de maneira rígida a toda a congregação ou à

---

6. Cf. CUCCI, G. *Abusi di autorità nella Chiesa. Problemi e sfide della vita religiosa femminile*. La Civiltà Cattolica, Roma, vol. III, Quaderno 4083-408, p. 218-226, 2020. Disponível em: https://www.laciviltacattolica.it/articolo/abusi-di-autorita-nella-chiesa/#_ftn6.

comunidade. Quem é subordinado, por sua vez, corre o risco de confundir a busca da vontade de Deus com o bem-estar da autoridade. E assim, em nome da unidade, impõe-se o silêncio a qualquer pensamento que não se limite a repetir a voz de quem governa. São as características daquilo que o Papa Francisco chama de *o pensamento rígido*: identificar a pessoa com sua função e confundir unidade com uniformidade[7]. Aqui nasce a dificuldade de reconhecer, antes mesmo de expressar, a perplexidade de tal estilo de vida: a pessoa sente-se diferente, marginalizada, inimiga da congregação.

Além disso, desempenhar um papel de certo modo sagrado pode, com mais facilidade (se não houver uma atenta vigilância), prestar-se ao perigo de instrumentalizar a confiança com a qual a pessoa abre a própria consciência, especialmente se fraca ou facilmente manipulável, utilizando o papel ocupado para gratificar necessidades pessoais e impor a própria vontade: "Na teologia católica, e não só, a parte mais sagrada do homem é a consciência individual [...]. O papel daquele que acompanha não consiste em dizer à pessoa o que

---

7. "Onde o Espírito está presente, sempre existe um movimento para a unidade, mas jamais para a uniformidade. O Espírito preserva sempre a legítima pluralidade dos diversos grupos e pontos de vista, reconciliando-os em sua diversidade. Portanto, se um grupo ou uma pessoa insistirem no fato que seu modo é o único para 'ler' um sinal, seria um indício negativo" (FRANCISCO. *Ritorniamo a sognare*: la strada verso un futuro migliore. Milão: Piemme, 2020, p. 75). Logo depois menciona-se a identificação com a função como "tentação do pensamento rígido".

deve fazer, mas ajudá-la a lançar luz sobre o que julga melhor para si. Tomar o lugar da consciência do outro é, exatamente, um abuso de consciência"[8].

Uma crise difusa?

Segundo os dados da Congregação para os Institutos de Vida Consagrada e as Sociedades de Vida Apostólica, em 2018, 3,8% dos institutos no mundo foram objeto de uma visita apostólica. Considerando que se trata de uma tomada de posição oficial, pode-se lançar a hipótese que esse número seja apenas a ponta do *iceberg* de uma crise difusa: os testemunhos incluídos no presente livro provêm de congregações e países de pertença muito diversos. Porém, não se pode esquecer, sobretudo, que a Igreja é um corpo, como recorda São Paulo (1Cor 12,26-27), e, portanto, quando um membro sofre, todo o corpo sofre. Limitar-se a observar números e estatísticas precisos, ou a identificar as congregações em questão para sustentar que o problema não nos diz respeito é uma maneira de evitar o confronto. Isso, contudo, acaba por repropor a mesma dinâmica mostrada pelos abusos sexuais cometidos pelos presbíteros; diante dos casos apresentados, na maioria das vezes procurou-se a defesa

---

8. CITO, D. Brevi annotazioni canonistiche sul concetto di abuso di potere e di coscienza. *Tredimensioni*, Milão, n. 3, p. 309, setembro-dezembro, 2020. Disponível em: http://www.isfo.it/it/Rivista-3D/XVII-2020.html

afirmando que o problema era circunstanciado e não se referia às próprias comunidades, mas estava em outra parte, a não ser que depois, em cada caso, se teve de voltar atrás e, com dificuldade, admitir que não se quis enfrentar o problema.

Também nos testemunhos de religiosas abusadas por sacerdotes, a reação da autoridade, tanto masculina quanto feminina, frequentemente foi idêntica. Preferiu-se "tutelar" o bom nome da instituição, sacrificando a vítima: a religiosa abusada é transferida, acusando-a de ter seduzido o sacerdote, e o padre permanece no seu lugar, continuando tranquilo sua atividade predatória. Mas se o abuso vem de uma mulher, essa forma de culpabilização é ainda mais forte.

Em todas essas histórias de vida, impressionou-me muito um aspecto que sempre de novo reaparece: o unânime pedido de garantir o anonimato, de quem narra e da congregação a que pertence. O motivo parece evidente. Todavia, isso põe sérias interrogações sobre o exercício da autoridade e sobre o voto de obediência, assim como, de fato, é vivido nesses institutos.

O tema da autoridade segundo o Evangelho, sob a insígnia do serviço e não do medo (cf., p. ex., Mc 10,42-45), está amplamente presente no magistério eclesial. Nesses textos emerge claramente a diferença entre poder e autoridade e indicam-se as características de quem é chamado a ser pastor do rebanho[9]. No Evangelho, Jesus desperta em seus interlocutores (também nos mais arredios) uma série de sentimentos, mas nunca o medo e, no entanto, é reconhecido pelo povo "como alguém que tem autoridade" (Mt 7,29). E também nas parábolas, apresenta um Deus que, mesmo no momento do juízo, convida sempre a abrir o próprio coração e a dialogar na verdade. Retornar a essas fontes poderia devolver frescor e vigor à vida consagrada.

A respeito disso, as histórias narradas neste livro mostram que, por muito tempo, o tema da obediência foi malcompreendido: o/a superior/a não é um tirano ou um soberano absoluto, mas é posto a serviço da comunidade. Ocupa o lugar de Deus na medida em que considera o súdito como alguém que ocupa o lugar o Cristo. Se o maltrata, maltrata a Cristo. O dever de obedecer corre paralelo ao dever de exercer a paternidade e a maternidade espiritual[10].

---

9. Recordo somente os últimos documentos que apareceram: Congregação para os Institutos de Vida Consagrada e as Sociedades de Vida Apostólica. *O serviço da autoridade e a obediência. Faciem tuam, Domine, requiram*, 11 de maio de 2008; ID., *Para vinho novo, odres novos. Do Concílio Vaticano II, a vida consagrada e os desafios ainda abertos. Orientações*, 6 de janeiro de 2017; In: *O dom da fidelidade e a alegria da perseverança. Manete in dilectione mea*, 27 de março de 2020; FRANCISCO, carta apostólica, *Como uma Mãe amorosa*, 4 de junho de 2016.

10. Cf. tb. a ampla discussão que Dom Dysmas dedica a este tema, em nível teológico, canônico e espiritual (DE LASSUS, D. *Risques et dérives de la vie religieuse*. Paris: Cerf, 2020, p. 147-198).

Por que estas irmãs não puderam expressar a seus superiores e no âmbito da vida comunitária o próprio incômodo? Como viveram a obediência durante todos estes anos? Sua contribuição foi, de alguma maneira, valorizada? Algumas religiosas, mesmo exercendo cargos de responsabilidade em seu instituto, tiveram de submeter-se passivamente e só executar o que já fora estabelecido pelas superioras maiores, sobretudo por ocasião de decisões importantes.

O racismo é outro triste tema presente nessas histórias. Pergunta-se quanto ele esteja ligado às más compreensões acima apresentadas. Muitas queixam-se de serem valorizadas em base à cor da pele ou ao país de origem, independentemente de suas qualidades ou preparação: uma espécie de mentalidade feudal que continua presente em não poucos institutos religiosos.

A necessidade de alargar o olhar

Nesse meio-tempo fiz a inesperada descoberta da pesquisa realizada pelo geral dos Cartuxos, Dom Dysmas, com o título *Riscos e desvios da vida religiosa*. Nela analisam-se, de maneira ampla e documentada, as características doentias da vida religiosa e as estruturas que as difundem, até a total paralisação. Um exemplo significativo de tal aproximação estrutural é o testemunho de uma psicóloga, que prefere ficar no anonimato, que acompanhou cerca de quinze contemplativas demitidas por impulsos de suicídio. No entanto, elas não apresentavam sinais de desequilíbrio psíquico ou de grave depressão. As causas estavam ligadas ao estilo de vida: "Parecia ter-lhes sido exigido que se despojassem de tudo o que pudesse contribuir para o conforto de sua pessoa, seu centro de interesses, seus talentos. Haviam procurado tornar-se a perfeita religiosa santa renunciando a tudo o que aspiravam. As diretrizes comunitárias indicavam um modo, enquanto seu íntimo pedia outro. E quanto mais se conformavam, mais aumentavam as dúvidas, os conflitos e a má imagem de si, até apagar sua identidade de filhas de Deus e julgar que eram presas do demônio... Só a morte podia libertá-las desses tormentos"[11].

A grande parte dos testemunhos aqui apresentados não se refere ao abuso sexual e, exatamente por isso, eles são muito mais difíceis de reconhecer e de enfrentar. Mas, como corretamente anota um autor, o fato de um comportamento não ser penalmente perseguível, não significa que não seja grave sob o aspecto humano e espiritual; "antes, por vezes, aposta-se precisamente sobre esse equívoco para subvalorizar comportamentos

---

11. DE LASSUS, D. *Risques et dérives de la vie religieuse*. Paris: Cerf, 2020, p. 234. Numa entrevista, Dysmas declara ter iniciado a pesquisa diante dos numerosos pedidos de escuta "por aquelas – principalmente das religiosas ou das ex-religiosas – que não haviam encontrado ouvidos atentos. Diante da coerência entre os muito diferentes relatos de abusos em comunidade, progressivamente, tomei consciência de que estamos diante de um considerável problema".

devastadores na vida das pessoas que foram suas vítimas [...]. O abuso espiritual pode ser definido também em base a seus efeitos, alguns dos quais são: autoestima prejudicada, dependência induzida, menor capacidade de ter confiança, reações emotivas como ira, ânsia e depressão. Os especialistas acrescentam que em alguns casos pode até ser abalada a própria fé em Deus"[12].

É preciso recordar estas coisas porque o direito é proteção do fraco e de quem sofre injustiças, com frequência, sem ter consciência disso. O n. 618 do *Código de Direito Canônico* lembra que os súditos devem ser tratados como filhos de Deus "no que diz respeito à pessoa humana". Agir de outra forma é cometer um abuso de poder, a porta de ingresso para qualquer outro abuso. Os episódios de violência sexual foram, em grande parte, perpetrados por pessoas com um forte sentido carismático e uma modalidade de gestão do poder que não tolerava pontos de vista diferentes, incapazes de escuta, de empatia e extremamente rígidos na maneira de propor a sequela evangélica. Por isso, o Papa Francisco, na *Carta ao povo de Deus que está a caminho no Chile* (31/5/2018) e na *Carta ao povo de Deus* de 20/8/2018 não fala, simplesmente, de "abusos sexuais", mas sempre de "abusos sexuais, de poder e

---

12. CITO, D. Brevi annotazioni canonistiche sul concetto di abuso di potere e di coscienza. *Tredimensioni*, Milão, n. 3, p. 307-308, setembro-dezembro, 2020. Disponível em: http://www.isfo.it/it/Rivista-3D/XVII-2020.html

de consciência, no contexto sistêmico mais amplo das relações que existem na comunidade eclesial e da sua corrupção, quando a autoridade é vivida como poder e não como serviço"[13].

Num documento posterior, o papa entra no mérito das várias formas de abuso e estigmatiza uma mentalidade, o clericalismo, como sua possível raiz: "O clericalismo expõe as pessoas consagradas ao risco de perder o respeito pelo valor sagrado e inalienável de cada pessoa e de sua liberdade"[14]. O clericalismo como mentalidade de poder e de manipulação é um risco que diz respeito a qualquer comunidade e situação, expressão daquilo que Dysmas chama "a estrutura piramidal", isto é, a

---

13. LOMBARDI, F. Verso l'incontro dei Vescovi sulla protezioni dei minori. *La Civiltà Cattolica*, Roma, vol. IV, p. 545, 2018. Jacques Poujol define o abuso espiritual "quando alguém (pastor, sacerdote, bispo, comunidade) aproveita sua posição de autoridade para controlar ou dominar uma ou mais pessoas [...]. O abuso espiritual é um abuso de autoridade tornado mais grave pela utilização da autoridade divina para dominar uma ou mais pessoas" (POUJOL, J. *Abus spirituels – S'affranchir de l'emprise*. Paris: Empreinte temps présent, 2015, p. 10-12). A *Commission SOS abus*, instituída em 2015 pela comunidade *Frères de Saint-Jean* (após as revelações, em 2013, de "atos contrários à castidade" cometidos pelo fundador, Padre Marie-Dominique Philippe), mostrou em seu relatório que 80% dos casos (sobre adultos) de violência sexual ocorreram num contexto de acompanhamento espiritual.

14. FRANCISCO. *Exortação apostólica pós-sinodal* Christus Vivit, 25 mar. 2019, n. 98. Na carta *Vos Estis Lux Mundi*, o papa destaca que o âmbito de aplicação do abuso de consciência diz respeito a: "condutas assumidas pelos sujeitos dos quais fala o artigo 6, e que consistem em ações ou omissões com o objetivo de interferir ou de evitar os inquéritos civis ou os inquéritos canônicos, administrativos ou penais, em relação a um clérigo ou um religioso quanto aos delitos de que fala a letra a) do presente parágrafo" (FRANCISCO. *Vos Estis Lux Mundi*, 7 mai. 2019, a. 1 §1 b).

tendência de desestimular, e até de proibir, a comunicação horizontal entre irmãos ou irmãs, para manter somente a vertical, com a autoridade superior, que decide o que é oportuno saber, sem o temor de ser contraditado: "Assim, uma parte da verdade permanece escondida, e todos acabam por crer numa mentira. Quanto mais mentimos, mais nos tornamos prisioneiros do sistema, para procurar conservar um mínimo de coerência e tudo se torna uma prisão da qual não é possível sair"[15].

Nas comunidades femininas, a modalidade análoga ao clericalismo parece ser a tendência a permanecer pelo maior tempo possível no poder, como se anotava, impondo uma mentalidade única e uniformista dentro do instituto segundo o próprio critério, fazendo-o passar como vontade de Deus e marginalizando e culpabilizando quem pensar diversamente.

É significativo que o segundo mandamento do Decálogo (Ex 20,7), após a proibição de nomear em vão o nome de Deus, faça seguir a punição ao transgressor; algo que não se encontra nos outros mandamentos, como para confirmar a gravidade de tal ação. Nomear "em vão" o nome de Deus não se refere somente à blasfêmia: significa apropriar-se de seu nome para justificar interesses e faltas pessoais, violência, até homicídios. O texto toma as distâncias de tais perversões, denuncia

---

15. DE LASSUS, D. *Risques et dérives de la vie religieuse*. Op. cit., p. 74.

sua gravidade, mas, ao mesmo tempo, atesta sua presença no curso da história, que deforma gravemente a relação com Deus, por vezes de modo irreversível[16].

Os abusos de consciência são, em grande parte, consequência do abuso do nome de Deus, instrumentalizado para gratificar o próprio agir. A repetição de tais modalidades manipuladoras para dobrar a vontade do fraco exige que se explicite ainda mais a gravidade do abuso do nome de Deus por parte de quem tem a honrosa tarefa de representá-lo.

Um desejo jamais apagado

Outro dado importante que merece atenção, é o fato que nem todas as religiosas que saem de sua congregação o fazem porque não encontram mais sentido na vida consagrada. Entre elas, encontrei pessoas com uma enorme carga de sofrimento unida a uma grande coragem: abandonaram uma vida de segurança material e de pertença, em idade já não jovem, para permanecerem fiéis à própria consciência. Como e por que, mesmo depois de mais de 25 anos num instituto religioso, elas decidem aportar numa nova realidade,

---

16. O papa emérito Bento XVI, na carta *A Igreja e os abusos sexuais*, de 11 de abril de 2019, recorda o trauma de uma ministrante abusada pelo capelão, que "sempre introduziu o abuso sexual que estava cometendo contra ela com as palavras: 'Este é o meu o corpo oferecido por vós'. É óbvio que essa mulher não pode mais ouvir as próprias palavras da consagração sem sentir novamente toda a horrível angústia de seu abuso" (III,2).

cheia de riscos e de incertezas, mantendo, porém, a fidelidade ao chamado numa forma de qualquer modo reconhecida pela Igreja? Apesar disso, veem-se privadas de uma casa, de um trabalho e, muitas vezes, são até objeto de juízos sumários e sem caridade no seio da própria Igreja.

Em seus últimos pronunciamentos, retomando os princípios básicos da Doutrina Social da Igreja, o papa evidencia a importância de uma casa e de um trabalho como elementos indispensáveis para a dignidade de cada ser humano[17].

Diante de tais auspícios, é lícito perguntar-se de que maneira agem concretamente as respectivas congregações em relação a essas pessoas. De que modo as motivações que levam uma religiosa ao pedido de demissão e o processo canônico são avaliados por uma instância superior (como o Dicastério para a Vida Consagrada), de maneira a garantir-lhes um tratamento justo? E as dioceses, como sustentam a caminhada de quem, por graves motivos, deixou a congregação religiosa e, de qualquer forma, conserva o próprio desejo de consagração?

Vivo em Roma há muitos anos, e devo confessar a grande tristeza ao ver edifícios religiosos em fase de

---

17. Cf., p. ex., a carta apostólica *Patris Corde*, de 8 de dezembro de 2020, n. 6; *Mensagem para a 54ª jornada mundial pela paz*, 1º de janeiro de 2021, n. 7.

fechamento (e, portanto, em condições de habitabilidade) ou semivazios, mas que se prefere deixá-los assim do que confiá-los a consagradas que têm o desejo de levar uma vida em comum. Diante de tais situações, os programas pastorais das dioceses e os documentos do magistério que convidam ao acolhimento, à hospitalidade e à solidariedade soam-lhes como um escárnio.

Entre os testemunhos, descobri que há consagradas com qualidades profissionais e acadêmicas de destaque, falam diversas línguas e maravilhou-me muito saber que, quando se dirigiram a algumas entidades eclesiais para uma possível colaboração laborativa, foi-lhes dito que, em caso de dificuldades, podiam receber cestas básicas de alimentos. Como disse alguém, é mais fácil sermos caridosos do que justos. Este é, sem dúvida, um dos motivos que tornam ainda mais agudo o vazio relacional e o sentido de isolamento dessas almas. Fizeram opções corajosas, não chegaram a concluir pactos com a própria consciência, mas pagam um alto preço por tudo isso: são abandonadas a si mesmas. Quem abusou, porém, permaneceu no próprio lugar, gozando dos privilégios de sempre.

Os caminhos da cura

Como antecipar-se às situações de abuso? É a exata pergunta que emerge, e a razão quando nos confrontamos com o tema. Algumas contribuições do livro gostariam de seguir nessa direção, oferecendo pistas propositivas.

Limito-me a recordar alguma prioridade.

Primeiramente, é indispensável conhecer as diretrizes da Igreja que, sobre o assunto, são muito claras, tais como aparecem, por exemplo, em documentos como *O serviço da autoridade e a obediência* e *Para vinho novo, odres novos*. Neles, os que são chamados para uma tarefa formativa e de governo, são convidados a uma renovada consciência do valor evangélico da autoridade e da obediência. Fazer conhecer e confrontar-se com estes textos é um primeiro passo indispensável para voltar às fontes da vida religiosa.

Dar às vítimas de abusos a possibilidade de fazer ouvir sua voz foi outro passo decisivo para que as autoridades tomem posição, até pôr em prática programas de prevenção no âmbito de toda a Igreja. O poeirão levantado pelos meios de comunicação sobre os abusos sexuais dos sacerdotes, apesar do sofrimento a respeito, contribuiu também para criar uma sensibilidade diferente ao problema; de maneira análoga, publicando os testemunhos incluídos neste livro, espera-se que tal atenção possa passar também aos abusos de autoridade e de consciência, desmascarando atitudes enganosas e não de acordo com os valores da vida religiosa, apesar de proclamados por palavras. Tudo isso para dar passos concretos em relação a quem sofre e sofreu. Falar do problema já é um passo em direção à cura, que exige um clima de atenção, acolhimento, escuta e pessoas preparadas para essa difícil tarefa. Por vezes, são necessários anos para que a vítima possa dizer, primeiro para si mesma e depois para os outros, a gravidade daquilo que sofreu, e são necessários outros tantos (talvez mais) para "reunir todos os pedaços", calar os sentimentos de culpa (muito presentes no abuso) e recolocar no justo lugar o papel, o poder e a responsabilidade de quem abusou.

Porém, este é apenas o primeiro passo e outros são exigidos, igualmente importantes, para que as vítimas, particularmente as religiosas obrigadas a sair por graves motivos de consciência, possam usufruir das possibilidades de reinserção num novo ambiente. Além de ser um devido ato de justiça, isso representa um exemplo concreto de atenção e de acolhimento do sofrimento dessas pessoas que, em muitos casos, desejam continuar sua vida de consagradas. Para realizar uma mudança de mentalidade é indispensável introduzir explicitamente no percurso formativo o tema da prevenção dos abusos (nas suas várias formas) e o acompanhamento das vítimas.

A nova *Ratio Fundamentalis Institutionis Sacerdotalis* prevê que se trate explicitamente desses temas com aqueles que se preparam para o sacerdócio; não existe motivo pelo qual isso não possa ser feito também no seio das comunidades religiosas femininas. A Pontifícia Universidade Gregoriana há tempo instituiu o Centre for Child Protection (CCP): partindo de pesquisas de campo são oferecidos cursos e seminários sobre como reconhecer o abuso e enfrentá-lo. Algo semelhante poderia ser pensado também para esses temas, oferecendo cursos especiais por parte de pessoas preparadas e externas à congregação. Explicitar esses aspectos pode servir para desmascarar o/a abusador/a, sobretudo em ambiente de governo, de formação, acompanhamento espiritual ou confessional[18].

O conjunto desses passos pode contribuir para criar uma mentalidade diferente, em condições de impedir qualquer forma de abuso e, indiretamente, devolver frescor e impulso à vida religiosa.

Um tema geralmente inexplorado

Aqueles que vivem com autêntico espírito de doação a vida religiosa podem ficar perplexos diante desse tema. Na realidade, mesmo a história recente recorda-nos que, quando enfrentamos um problema

---

18. "Can. 1389 – §1. Quem abusa do poder eclesiástico ou ofício seja punido segundo a gravidade do ato ou da omissão, não excluída a privação do ofício, a não ser que já se estabeleça, na lei ou no preceito, pena contra esse abuso. §2. Entretanto, quem por negligência culpável pratica ou omite ilegitimamente algum ato de poder eclesiástico, de ministério ou de ofício, com dano alheio, seja punido com justa pena".

constrangidos pelo clamor escandaloso dos meios de comunicação, tornamo-nos menos críveis aos olhos do povo e, com justiça, somos acusados de agir por oportunismo. Ao contrário, creio ser preferível confrontar-nos com o problema antes que alguém nos obrigue a fazê-lo com tons e finalidades muito diferentes: desse modo, a vida religiosa pode ganhar em transparência e luminosidade. A atual situação de pandemia mostrou de forma eloquente quanto é perigoso ignorar a presença de um vírus.

As comunidades religiosas são chamadas a um trabalho semelhante, a uma periódica "revisão", de acordo com a vigilância evangélica: pôr em destaque a presença de vírus potencialmente mortais (como o abuso de poder), para depois descobrir eficazes maneiras de proteção. Infelizmente, deve-se destacar que boa parte da literatura dedicada ao tema da vida consagrada muito raramente entra no mérito de tais problemas. Uma das primeiras pesquisas de grande fôlego é, precisamente, o estudo (não por acaso mais vezes recordado nestas páginas) realizado por Dom Dysmas, fruto de quatro anos de encontros com vítimas, e promovido pelo presidente da Conferência Monástica da França (Dom François You), com a colaboração de teólogos e canonistas, religiosos/as, um abade e uma abadessa, psicólogos e psiquiatras. Também eles, contudo, destacaram a grande escassez de estudos voltados a reconhecer as causas de tais desvios, detendo-se, geralmente, sobre as vivências particulares das vítimas.

Por isso, deve-se louvar e estimular quem decidiu, não sem sofrimentos e resistências, romper o muro de silêncio, que é, de fato, o canal privilegiado de difusão do mal. O clima de medo é, na minha opinião, o obstáculo mais difícil e doloroso para uma possível reforma.

Mais difícil, porque não se poderá chegar a uma reflexão ampla e extensa sobre a beleza da vida religiosa sem interrogar-se sobre suas possíveis distorções, tornando sempre mais problemática uma inversão de tendência e acentuando sua crise.

Mais doloroso, porque a falta de escuta, de atenção ou a rapidez do desembaraço podem ser para as vítimas motivo de sofrimento ainda mais forte do que o abuso sofrido[19].

Se algo puder ser mudado, dever-se-á, sobretudo, à coragem de quem quis partilhar o próprio sofrimento, enfrentando o risco de dar lugar a esperanças vãs. O

---

19. Cf., p. ex., a vivência narrada por S. Ducrey, *Étouffée: Récit d'un abus spirituel*, onde se descreve a grande frustração diante da tentativa de quebrar o muro de cumplicidades e pressões na comunidade eclesial que lhe impediram de lançar luz sobre o abuso sofrido (justificado com motivações "teológicas" pelo próprio confessor) e, sobretudo, de pôr o predador na condição de não prejudicar. Para Sophie foi um grande sofrimento também em âmbito editorial: por sete anos o livro foi rejeitado por seis editores, para enfim ser publicado graças ao clamor levantado pela imprensa sobre o tema. Sophie aguardou 35 anos antes de poder encontrar escuta por parte da Igreja.

desejo é que a reflexão e o debate possam expandir-se. O diálogo entre a base e a autoridade continua a ser o melhor modo de quebrar as "estruturas piramidais", de devolver vitalidade ao carisma e de recuperar a autêntica beleza da vida religiosa, protegendo-se do perigo de enganar pessoas simples e generosas.

Padre Giovanni Cucci, SJ

Nota do autor

Há, ao menos, doze anos não a via. Por meio de amigos comuns sabia que, num mosteiro do centro da Itália, continuava alegre a vida de monja de clausura que havia escolhido iniciar quando ainda era muito jovenzinha, desempenhando inclusive papéis de realce no seio da Ordem. Eu havia deixado esta minha querida amiga de Roma, minha cidade adotiva, com o véu e, em pleno verão, reencontrei-a em trajes civis, tendo na cabeça os cabelos curtíssimos, herança do velho corte. Havia adquirido alguns quilos a mais por causa de alguns problemas de saúde, e por trás dos óculos de armação transparente os olhos estavam inchados pelo sono desordenado e por alguma lágrima que, de vez em quando, descia sem controle e escorria por seu rosto.

Havia saído daquele mosteiro quase repentinamente, sem a possibilidade de saudar aquelas que por mais de dez anos havia chamado de irmãs: elas haviam sido impedidas e ela mesma culpava-se de ser, talvez, um "mau exemplo". Não havia podido recuperar nem alguma roupa para a viagem. Mandaram-na embora numa noite de março, enquanto a Itália estava em pleno *lockdown*, com grandes e pesadas malas e uma blusa e uma calça de trabalho recuperada numa velha mochila, usada uma vez para uma operação no hospital.

Voltou logo para os braços de sua família, que a acolheu e sustentou e que ainda a sustenta no período de psicoterapia ao qual se submeteu há mais de um ano e que lhe permitiu – muito rapidamente em relação à média, por força inclusive de uma profunda e inaudita força de vontade – inscrever-se na universidade e ser ativa na paróquia.

A muitas outras "ex" não aconteceu assim: algumas cortam todos os laços com a Igreja e com Deus, não conseguem nem sequer fazer o sinal da cruz e, se veem freiras ou sacerdotes, fogem para longe. A essa querida amiga, cujo nome não revelarei por respeito à sua vontade, ao contrário, permaneceu acesa a chama da vocação, mas não pode ser uma irmã por causa de uma sentença emitida por um improvisado tribunal de irmãs mais idosas, com evidentes problemas de afetividade e autoridade, que decidiram que este já não é seu caminho e que ela própria devia sair do mosteiro: não tiveram nem a coragem de mandá-la embora.

Dessa história não sei muito mais, além dos traços já descritos. Mas conheço bem o sofrimento dessa moça, pela qual tenho muita afeição porque a conheço desde os tempos da infância. Quando nos revimos, quase por acaso, em julho de 2020, poucos dias antes fora publicada, no caderno 4083-4084 de *La Civiltà Cattolica*, a longa e intensa pesquisa do Padre Giovanni Cucci, SJ sobre os abusos de consciência e de poder na vida consagrada feminina. Comentamo-la juntos, lendo-a na edição digital, entremeada de algum aceno amargo.

"Em muitas passagens do artigo eu me revi", disse. "Quantas situações revivi. E quantas poderia contar."

"Conta-as", exortei-a.

Não o fez, ainda demasiado queimada pela experiência de nem um ano atrás. Mas foi ela que me deu a ideia e a inspiração de iniciar a pesquisa que compõe o presente livro, que durou cerca de dozes meses, que recebeu um forte apoio, precisamente, do próprio Padre Cucci, que, com cortesia e extrema disponibilidade, pôs à minha disposição seus estudos e seus contatos.

Pelo trabalho realizado nesses meses entre religiosas e ex-religiosas, monjas de clausura, freiras de vida ativa, contemplativas, sem fazer diferença alguma, percebi que, provavelmente, nem sequer havia necessidade que minha amiga me contasse sua experiência, visto que as histórias dessas vítimas de abusos – embora muitas delas rejeitem essa etiqueta – são malditamente iguais. Quase como se existisse um formulário já escrito, no interior dos conventos, institutos e mosteiros, para ser seguido nos casos em que algumas mulheres se apresentassem mais "problemáticas" em relação às outras. Mais rebeldes, quem sabe só porque mais inteligentes, talvez demasiado para os padrões de algumas congregações; elementos que perturbam, quem sabe só por ter contestado uma ordem – mesmo que objetivamente absurda – ou por ter pedido para estudar, ao invés de só fazer limpeza na cozinha. Portanto, pouco inclinadas a homologar exigências por arbitrária vontade de suas superioras. Para essas mulheres usa-se qualquer pretexto para a marginalização ou para "acabar com elas": uma saúde precária pela qual a congregação não pode assumir as despesas médicas; presumíveis problemas psicológicos, muitas vezes desmentidos pelos terapeutas aos quais essas moças são enviadas; caracteres difíceis; questões de nacionalidade, na maioria das vezes, reduzidas a formas de velado racimo ou de preconceitos ("as africanas são assim, não se pode falar"), até o real e verdadeiro abuso de consciência, traduzido no silogismo: "Não és obediente, não queres ser santa, não tens vocação".

Muitas narram terem ouvido, com frequência, a repetição dessa frase, que não encontra apoio algum nas constituições das Ordens ou no Direito Canônico. Como um formulário escrito, dizia-se.

Muitos, demais, os denominadores comuns nas histórias dessas religiosas e ex-religiosas que, contudo, provêm de latitudes e antecedentes completamente diversos. E que fazem pensar que não se trata de casos individuais, aos quais somos chamados por mulheres particularmente frágeis, com tendência à depressão ou, demasiadamente, fracas e "loucas" para reagir, mas que, evidentemente, está presente um sistema doentio, baseado em estruturas de poder e naquele clericalismo que o Papa Francisco, em diversas ocasiões, estigmatizou como um "câncer" para a Igreja. Clericalismo entendido como aquele excesso de graça do qual superiores, fundadoras, mestras de noviças ou os próprios padres espirituais se vestem, decidindo sobre a sorte desta ou daquela candidata, fazendo-a cair num estado de fraqueza e sujeição que a torna também fácil presa de violências. Físicas e psicológicas.

O que deve reerguer-nos é a vida, a psique, a maturidade afetiva e sexual de moças jovens, muito jovens ou até adultas, algumas também além do umbral dos cinquenta anos, vinte ou trinta dos quais, talvez, transcorridos atrás das grades da clausura. Mesmo adultas, são consideradas como filhas perenemente menores por superioras mães e madrastas que, numa superposição entre poder espiritual e gestão da vida quotidiana – e frequentemente na ausência de uma verdadeira democracia interna – dispõem totalmente de sua vida.

Portanto, são moças e mulheres geralmente intuitivas, capazes, brilhantes até, ou simplesmente mulheres que, ao invés, são mortificadas nos seus talentos e nas suas aspirações e que, no pior dos casos, são obrigadas a uma mudança radical de vida, porque monopolizadas, oprimidas por suas companheiras ou por padres espirituais e visitadores canônicos que, na maioria das vezes, agravam sua situação, gerando uma desconfiança até em relação a autoridades do sexo masculino.

Por vezes, não encontram o justo apoio nem do bispo local, com o qual foram para se desabafar ou pedir providências, que recoloca tudo nas mãos da superiora. Suas situações são subvalorizadas ou tratadas como aquelas de mulheres que devem ser restituídas a um diferente estado de vida. Um problema de ofício a mais para ser resolvido.

Assim, uma vez saídas, muitas acabam a meio-caminho, para viver em condições de vulnerabilidade extrema: sem documentos; sem uma família à qual se dirigir, porque distante ou escandalizada pela decisão; sem dinheiro, porque a congregação afirma já ter gasto tanto durante os anos; sem um trabalho nem a capacidade de assumir um, porque, por longo tempo, no máximo aprenderam a cuidar do jardim ou a remendar o próprio hábito.

Isso aconteceu a muitas italianas e europeias, mas são as africanas e asiáticas, particularmente as provenientes da Índia e Filipinas, os "casos" – também essa uma infeliz definição – que correm maior risco, por se tratar de mulheres que, por problemas de casta ou desonra, estão desprovidas de uma rede de apoio, em várias ocasiões obrigadas a aceitar "compromissos" até para comer e não acabar por dormir em parques ou estações. Desde os trabalhinhos como babás, cuidadoras, faxineiras, a serviço da Caritas em meio a pobres e mendigos, até o caso extremo da prostituição.

Contudo, causa estranheza que diversas delas afirmam terem sido ajudadas pela Igreja, ou antes, por uma "outra" Igreja em relação àquela que as rejeitou. Nos testemunhos fala-se da proximidade e assistência de sacerdotes que não abandonaram essas ex-freiras no momento da exclaustração, ou de inteiras comunidades de leigos e de grupos paroquiais que assumiram seus estudos ou pagaram um aluguel, ou as receberam em suas casas, dando-lhes comida e roupas. Uma ajuda espontânea e, certamente, positiva, mas que deve suprir um vazio institucional, normativo e de praxe, já que não existe um sistema de assistência às ex-religiosas, como poderia ser um fundo a elas destinado, que garanta a cobertura econômica das necessidades na "nova vida" que tiveram de iniciar.

Ficam essas pequenas formas de assistência e proximidade que, em algumas ocasiões, ajudaram as ex-freiras a reconciliar-se com a Igreja, a vê-la ainda como uma mãe e não só como lugar de opções erradas e relações malsãs. Tanto que algumas delas decidem prosseguir o itinerário religioso de qualquer forma.

Nesse sentido, merece uma menção a obra realizada pelas Missionárias Scalabrinianas, família religiosa sempre atenta aos temas sociais e, em particular, ao drama dos migrantes. Em maio de 2017, iniciaram o projeto "Chaire Gynai", expressão grega que significa "Benvinda mulher", iniciativa de grande fôlego dedicada a cada mulher em condições de fragilidade, de qualquer estado, idade, proveniência. Um projeto de segundo acolhimento seguido pelo Dicastério vaticano para o Serviço do Desenvolvimento humano integral e coadjuvado por realidades como o Centro Astalli e Sant'Egídio. Duas são as casas que as missionárias abriram em Roma: uma na Via Pineta Sacchetti, ao longo da avenida que leva à Policlínica Gemelli, a outra no bairro dos Parioli, num edifício amarelo em estilo *liberty*, entre embaixadas e institutos históricos, cercado por um jardim e, internamente, mobiliado como uma verdadeira casa.

Na estrutura, oferecida em comodato de uso pelas Irmãs Scalabrinianas e entre refugiadas saídas dos Sprar e mães solteiras com seus filhinhos nascidos depois de uma violência, hoje vivem algumas ex-freiras que interromperam o caminho religioso, muitas vezes porque, como se disse, foram obrigadas a fazê-lo. Entram depois de um colóquio com um psicólogo e recebem o que necessitam: roupas, alimento, um teto sobre a cabeça, mas também uma capela onde rezar. São ajudadas no encaminhamento da documentação (transformar as permissões religiosas em permissões de estadia), para depois se submeterem a terapias oferecidas gratuitamente pelos profissionais da associação Dune. Assistidas por voluntários e Scalabrinianas, coordenadas pela Diretora Irmã Eleia Scariot, ocupam-se em cursos de profissionalização e afazeres domésticos: atividades úteis para aprender uma profissão, mas também para restabelecer a dimensão relacional perdida no instante do "despojamento". Um trabalho complexo para a recuperação da confiança homem-mulher, mulher-mulher ou com a própria Igreja.

O percurso na casa prevê uma permanência de seis meses a um ano, mas quase nunca os limites são respeitados; de fato, há pessoas que permanecem mais de dois anos. Não vão embora, ou melhor, não conseguem fazê-lo, porque ainda muito frágeis. "Muitas das mulheres passadas por estes muros não comunicam às suas famílias a decisão tomada; até se aterrorizam ante o fato de os parentes descobrirem sua saída. Para algumas culturas, seria uma desonra gravíssima", relata Irmã Eleia.

Uma iniciativa, sem dúvida, louvável, mas que, por vezes, encontrou inclusive a oposição de algumas superioras ("Saem por um lado e vocês as recebem por outro?"). O trabalho das Scalabrinianas, porém, representa uma gota d'água num mar de necessidades. Realmente, a casa é um caso quase isolado, mas que poderia tornar-se um modelo a ser imitado, talvez para criar uma realidade semelhante em cada congregação. Ou, poder-se-ia institucionalizá-la de maneira a permitir separar-se da comunidade com uma transição menos traumática, talvez com despesas assumidas pelo instituto de pertença.

É a partir do quadro da casa dos Parioli que a pesquisa do presente volume deu os primeiros passos. Ali conhecemos algumas das moças que decidiram, livremente, oferecer o próprio testemunho sobre os abusos – de poder, de consciência, sexuais – sofridos no convento ou no mosteiro. Elas mesmas os definem como "manchas", "marcas", "traumas".

Graças a uma intercomunicação e já alertadas pelo trabalho do Padre Cucci, a pesquisa ampliou-se para além dos limites da Cidade Eterna. Com o auxílio das novas tecnologias e das redes sociais, participaram desse projeto editorial muitas outras mulheres: jovens e adultas, italianas e estrangeiras, claustrais, missionárias ou de vida ativa. Todas quiseram contar as próprias histórias, algumas enquanto ainda se encontram no seio do instituto e não sabem como sair dele. Foram telefonemas, cartas, e-mail, mensagens vocais por WhatsApp e por canais sociais.

Todas clamam por ajuda. Aquelas que, com frequência, são ignoradas ou acabam esquecidas nos claro-escuros da Igreja. De vez em quando é publicado algum artigo sobre o assunto, uma pesquisa, uma entrevista, ou se realizam interessantes congressos sobre o tema, como aqueles da associação Voices of Faith. Mas falta sempre um depois... No entanto, o problema dos abusos na vida consagrada feminina é "global", como já o havia denunciado o Papa Francisco, e se refere a centenas de membros de ordens e congregações sujeitas a manipulações, discriminações, chantagens, a uma formação excessivamente rígida ou a uma gestão ditatorial.

Longe de querer elencar uma árida casuística de problemas, o livro quer ser um instrumento para dar voz a pessoas, a almas, a rostos. Cruzamos aqueles de Anne-Marie, Marcela, Anna, Elizabeth, Vera, Elena, Aleksandra, Lucy, Thérèse, Magdalene... Nomes, a pedido delas, totalmente de fantasia, como de fantasia são os nomes dos personagens que aparecem em suas vicissitudes. Não se mencionam nem os institutos nos quais as protagonistas do livro viveram por anos e, em alguns casos, quis-se propositadamente substituir o país de origem por outro, para evitar qualquer referência. Afinal, entre as mulheres entrevistadas há quem afirme que ainda agora acontece despertarem no coração da noite pelo medo das retaliações e perseguições por parte das ex-coirmãs. Ou, no caso de uma moça, existe o temor de que sua ex-superiora, em consequência de muitos contatos mantidos, possa descobri-la e pôr em risco a carreira universitária levada adiante com sofrimento.

Portanto, simplesmente não são fantasiados os fatos narrados, os sofrimentos expressos, os dramas sofridos. Infelizmente, estes são terrivelmente verdadeiros. E levam a algumas interrogações, cujas respostas, certamente, não querem ser ouvidas nas páginas deste livro.

A primeira é se, à luz das experiências narradas, não se deveria pôr em discussão o sistema interno da vida religiosa feminina, em termos de exercício da autoridade e das estruturas, já que ele fomenta a multiplicação desses abusos. Portanto, dar início a um processo de reformas como aquele que foi pensado e, gradualmente, iniciado nos últimos decênios no seio dos seminários de todo o mundo e que o próprio Concílio Vaticano II desejou.

A segunda pergunta, ao contrário, é: As formas de consagração ainda vigentes, algumas, herança de ordens nascidas até há dez séculos, ou realizadas em herméticos institutos de recente formação (e por malsãs "saudades"), são válidas hoje, visto que parecem criar mais feridas do que vocações?

Salvatore Cernuzio

Testemunhos

Anne-Marie

Anne-Marie acordava cada manhã às 5h30, com seus dez irmãos.

"Papai nos acordava cedo e nós, com os olhos ainda adormecidos, sentávamo-nos ao lado da imagem da Virgem Maria para juntos recitarmos o Rosário, depois as orações em língua *unru* e a oração da manhã. A seguir, preparávamo-nos para ir à escola. Assim todos os dias."

É dessa experiência de Igreja doméstica que a moça, nascida em Camarões há 38 anos, começou a amadurecer a vocação para a vida consagrada. Uma vocação "modelada": "Em nossa terra existe uma certa sensibilidade em relação à vida religiosa. Quando se vê uma mulher de hábito e com o véu, todos exclamam: 'Que bonito!' Eu mesma via a vida consagrada como uma santidade humanizada".

Anne-Marie frequentava a paróquia e desempenhava todas as atividades: como menina, era ministrante; como adolescente, membro dos grupos jovens ou dos estudantes cristãos; como estudante, interna no colégio das irmãs. Embora se imaginasse irmã já aos 10 anos, nunca abandonou os estudos, "mesmo porque, em meu país, se uma moça pensar na vida consagrada deve ter ao menos o bacharelato".

Uma vez por ano, para aprofundar sua vocação, Anne-Marie participava dos campos vocacionais. Um retiro de aproximadamente duas semanas durante as férias do Natal, na diocese ou em algum lugar vizinho. Reza-se, joga-se, fazem-se experiências de partilha. E representantes de Institutos de Vida Consagrada, masculinos e femininos, vêm para apresentar a vida, a história, os programas, de modo que, se alguém se interessar, poderia pôr-se em contato com a Ordem.

É assim que Anne-Maria, aos 22 anos, pela primeira vez ouve falar de uma Congregação de Irmãs ligadas a um santo padroeiro das missões católicas entre os povos da África negra. Anne-Maria vai falar com o sacerdote camaronense, estudante em Roma, que é o porta-voz das missionárias e ele transmite os contatos da jovem a Roma.

Enquanto isso, deve concluir o mestrado em filosofia em Camarões. "Meu pai dizia sempre: 'Se uma pessoa deve servir o Senhor, deve ser intelectualmente bem-formada'. Depois do mestrado parei, porque já sentia duas forças em meu coração: o desejo de terminar o doutorado e o desejo de dizer sim ao chamado de Deus, essa voz persistente à qual, no início, eu fazia resistência. Dizia comigo mesma 'passará', mas não… Cada dia era uma experiência diferente, sobretudo diante do Santíssimo. Meus pais diziam-me 'presta atenção, avalia bem, termina os estudos', mas eu sentia algo verdadeiramente forte. Queria compreender o que era, o doutorado poderia terminá-lo depois."

Com uma passagem aérea de ida e volta, em 2013, Anne-Maria entra no convento das irmãs na Nigéria, onde as milícias do Boko Haram disseminam morte e violência.

Roma é uma etapa futura; antes, porém, deve fazer uma experiência em Abuja: "Enquanto ia, pensava: 'Vou dar uma olhadinha, se algo não vai bem, volto para casa'". Mas Anne-Marie, embora das janelas do mosteiro ouvisse o ruído das bombas e dos tiros e, uma vez, à saída de uma missa visse até cadáveres por terra, sente-se feliz.

"Depois de um mês estava habituada a essa vida de simplicidade, de doação total ao Senhor. Rezávamos pela manhã, trabalhávamos a terra, aprendíamos a cozinhar a mandioca de diversos modos. A comunidade não tinha dinheiro. Dizia-me: Sinto estar no lugar certo, o Senhor me chama aqui.

Escrevi à madre geral, que me mandou continuar a formação. Então, iniciei o aspirantado na Nigéria. Depois de dois anos, porém, disseram-me que seria melhor mudar e, então, fui enviada aos Estados Unidos. Já tinha quase 30 anos e um mestrado concluído.

Sentia-me madura e bem-formada, pronta para essa experiência."

Anne-Marie inicia o noviciado em Minnesota. Alguma coisa logo a deixa perplexa: "Já na Nigéria, durante a formação, havia começado a interrogar-me sobre o modo de viver das irmãs. Estudei filosofia e, portanto, a liberdade de pensamento: Por que qualquer coisa dita pela superiora não podia ser contradita?" Nos Estados Unidos, esse aspecto era elevado à enésima potência: "Por exemplo, tínhamos uma reunião comunitária. Pensava que qualquer uma pudesse fazer propostas ou pôr as próprias ideias em comum para melhorar nossa vida. Em vez disso, no encontro, não era tomada absolutamente em consideração, sobretudo como noviça, especialmente porque estrangeira e, pior, africana".

Sim, porque a sensação que a jovem camaronense começa a perceber, antes de vê-la confirmada pelos fatos, é que sua pele negra a coloca numa posição de inferioridade em relação às outras coirmãs: "Chamemo-la de racismo", diz.

As discriminações chegam, sobretudo, da madre superiora, uma polonesa de seus 50 anos, ao mesmo tempo mestra das noviças. "Na comunidade éramos três africanas: eu e duas moças da África do Leste. Eram quase meninas, uma de 16 anos, a outra de 18, e vinham de contextos paupérrimos; por isso, até a visão de um supermercado as entusiasmava. Seja pela idade, seja porque éramos minoria e, portanto, mais fracas, a madre chegava até nós e exigia que a informássemos sobre qualquer coisa que as outras irmãs tivessem feito ou dito durante as nossas saídas externas, por exemplo, para a missa ou para participar das atividades e das festas da paróquia. A superiora tinha um interesse doentio sobre o que fazíamos fora do convento.

Quando voltávamos juntas, fazíamos um relatório objetivo: a missa iniciou e terminou a tal hora, foi celebrada pelo padre etc. A ela, porém, não bastava, não estava satisfeita. Chamava-nos a uma sala onde tínhamos as aulas, seguia-nos na cozinha para saber, levava-nos à parte. Formava-nos para a calúnia. Servia-se de nós. Queria saber tudo o que fazíamos: 'Aquela saudou um homem? Olhou para outro?' Inicialmente, eu agi assim, mas minha consciência logo me questionou: não fui educada assim por meus pais, minha mãe jamais me pediu para observar a vida dos outros, não cresci na hipocrisia. Por isso, disse à madre que não gostaria de continuar com essa obra de espionagem".

Não houve retaliações, a não ser que se possam considerar assim os edredões comprados pela superiora para proteger-nos do frio do inverno, mas com medidas erradas. "Um dia, ela voltou, chamou as duas moças ugandenses para entregar-lhes casacos. Eu recebi um edredão, que não tinha as minhas medidas, era muito menor. Agradeci-lhe, mas sofria e morria de frio. Na África não temos neve, estamos habituados a roupas leves. As outras duas, felizes, mostravam-me as suas coisas, eu queria chorar. Eu não podia censurá-las, conquistava-as 'pela gula', porque estavam sempre com fome ou as influenciava com presentes. Para duas moças provenientes de lugares que conheceram somente guerra e pobreza, mesmo receber os sapatos das irmãs falecidas era um superpresente".

Anne-Marie experimentava responder, mostrar suas dúvidas, mas já estava enquadrada como personagem incômoda.

"Perguntava a mim mesma e perguntava às outras: Por que aqui dentro vive-se assim? A qualquer coisa que tivesse experimentado dizer, era-me respondido que era a obediência. Mas o voto de obediência é dizer cegamente 'sim, Madre' por qualquer coisa? Durante o postulantado foi-me ensinada somente a espiritualidade da congregação; aguardava o momento do noviciado para aprender algo mais sobre os votos que assumiria e sobre as constituições".

Mas, nada. Anne-Marie experimentou também elevar a voz, mas cada manifestação sua era refreada: "Ainda não és irmã, ainda não sabes fazer, não tens direito de dizer isso, não compreendes nada".

Além disso, havia a "agravante" de ser de cor: "Na mente dela, nós, africanas, não tínhamos dignidade. Durante o almoço, todas juntas, dizia a mim e às moças ugandenses: 'Mas, entre vós, existe a massa? No seu país, já inventaram o sorvete? Na África, usam-se sapatos?' Quando ouvia essas coisas, eu ficava fora de mim. As outras irmãs ficavam caladas, também aquelas que já haviam feito os primeiros votos. É como se todas tivessem assumido a cultura do silêncio, pelo qual a superiora jamais pode ser contradita".

A discriminação refletia-se também na distribuição dos trabalhos: "É verdade que nós, africanas, estávamos entre as mais jovens; mas quando havia coisas pesadas para serem transportadas, a neve a ser tirada com a pá, nós éramos chamadas. Passei todas as manhãs de inverno dos meus anos nos Estados Unidos limpando a neve exterior para permitir a passagem do automóvel do sacerdote que vinha celebrar a santa missa. As demais ficavam dentro e nos olhavam pela janela. Um ano, chegou uma irmã da Nova Zelândia, também ela muito jovem. Permanecia todo o tempo na capela, enquanto nós noviças africanas trabalhávamos fora, ao frio. 'Por que não pode dar-nos uma mão? Também ela é jovem e tem forças', perguntei à madre, como sugestão, não como crítica. 'Certamente, não serás tu que hás de dizer-me o que devo fazer', respondeu-me".

Mas o ponto de ruptura entre Anne-Marie e as irmãs estadunidenses aconteceu em 2015, quando na vida da moça aconteceu aquilo que descreve como o acontecimento mais dramático de sua vida: a morte da mãe, por causa de um câncer. Anne-Marie está no primeiro ano de noviciado e a notícia do falecimento de sua mãe lhe é comunicada depois de quase uma semana, junto com aquela que a comunidade não lhe teria pago a passagem aérea para participar do funeral em Camarões. "Quando minha mãe morreu não me disseram nada. Nada. A comunidade da Nigéria chamou aquela de Mineápolis. As irmãs deram-me a notícia depois de vários dias, viram-me rir e brincar e não disseram nada. Quando soube, estava imersa no meu turno de cozinha. Nenhuma das outras irmãs pensou em dizer-me 'descansa, para, estás chocada, deixa que eu cuido'. Continuei a limpar, enquanto sentia estar submergindo: minha mãe, aquela que me deu a vida, que me deu tudo, já não existe.

Quem sabe como estariam meu pai, meus irmãos, como haviam enfrentado tudo... Naquele momento experimentei a mais profunda solidão, toquei realmente o fundo do meu ser, senti-me como Jesus, quando experimentou o abandono durante a Paixão".

A única coisa que as irmãs deram a Anne-Marie foi um bilhetinho de condolências, mas nada estava escrito, nem, ao menos, "condolências".

"Era uma folha branca com o desenho de um coração. Trago-a ainda comigo, sempre que rezo por minha mãe, conservo-o porque é a história. Quando disse a meu pai que já não era irmã, mostrei-a a ele".

Anne-Marie pediu para viajar à África, a fim de visitar sua família, mas as irmãs lhe disseram que "o Direito Canônico não permite que uma noviça se afaste do convento, ainda que para os funerais de seus pais". "Perguntei à madre: 'Qual o Jesus que impede de sepultar os próprios pais?' Respondeu-me que a comunidade não tinha o dinheiro para pagar a passagem de uma viagem tão longa. Pena que, algum tempo depois, assim que soube que sua irmã não estava bem, ela partiu para a Polônia".

Depois desse acontecimento, Anne-Marie compreendeu que aquele convento de Mineápolis já não era seu lugar. "Terminei o noviciado, porque os africanos têm no DNA o sentido do sacrifício e também porque, graças aos instrumentos da psicologia aprendidos durante a universidade, consegui elaborar o luto de minha mãe. Também perdoei a superiora e as outras irmãs; tive necessidade de fazê-lo para superar o choque. Mas fora-me arrancado o coração e já não podia permanecer."

Em 2017, a moça voltou para Camarões, e ali permaneceu por três meses. Ao pai e aos demais da família comunicou a decisão de abandonar a comunidade de Mineápolis. Porém, o desejo de continuar a ser religiosa era ainda fortíssimo e a congregação, informada de tudo, decidiu, então, enviá-la a Roma, onde está a Casa Generalícia que acolhe as jovens que concluíram o noviciado e devem prosseguir nos estudos. Na Itália, Anne-Marie chegou precedida de um relatório da superiora para a madre geral, fato que alimentou alguns preconceitos a seu respeito: "Nas comunidades, quando te colocam uma etiqueta, deverás levá-la contigo até o fim".

"A mestra das jovens de primeiros votos disse-me que o estudo não era uma urgência para mim. Fora-me prometido um curso de Teologia no Angelicum, mas, por um ano, fiquei cuidando do jardim e me ocupando da cozinha; tinha também a tarefa de fazer o pão para toda a comunidade. Nunca vi a cidade de Roma, era proibido sair".

Também em Roma, Anne-Marie enfrentou discriminações e favoritismos determinados pela proveniência. A madre geral era indiana e privilegiava as moças de sua terra, por exemplo, distribuindo alimento, roupas, creme para o corpo ou também consentindo-lhes estudar em prestigiosas universidades pontifícias. As outras ficavam com as sobras ou os pacotes trazidos pelas famílias para serem doados aos pobres: "As africanas deviam procurar nos caixões. Como religiosas, em Roma eu vesti casacos e sapatos dos pobres". Frustrada por esses comportamentos, depois de doze meses, Anne-Marie decidiu sair. "Disse comigo mesma: chega! Dirigi-me à responsável e disse-lhe que iria embora, pedi a dispensa dos votos. Não foi fácil.

Quando Anne-Marie fechou para sempre a porta da Casa Generalícia não tinha ideia de onde ir. Nenhum documento, nenhum contato. Através de troca de informações chegou a uma das duas estruturas administradas pelas Scalabrinianas, onde recebeu apoio psicológico. A seguir, após alguns meses, inscreveu-se na Pontifícia Universidade Lateranense, mantendo-se com alguns pequenos trabalhos de tradução para o francês e o inglês.

Hoje, Anne-Marie ainda usa o véu. Proximamente deveria pronunciar os votos perpétuos num instituto pertencente à espiritualidade orionita. "Quando estava 'fora' falei ao Senhor e pensei em quando pronunciei os primeiros votos nos Estados Unidos. Na época, eu disse comigo mesma: minha mãe deixou-me num convento; eu era feliz por me ver irmã. Os votos que hoje pronuncio, apesar de minha fraqueza humana, para mim são perpétuos. Portanto, pedia a Deus que salvasse a minha vocação. Jamais duvidei de querer ser irmã."

Marcela

"Estúpida! Onde tens a cabeça? Presta um pouco de atenção!" Os gritos ainda ressoam na cabeça de Marcela. Não fazia nem uma semana que saíra do instituto religioso no qual passou mais de vinte anos de sua vida, já não existe aquela superiora neurótica que ditava o andamento dos dias em base ao seu humor e, no entanto, Marcela continua a viver em sentimento de culpa, nos traumas, no medo de que alguém a censure quando acorda dez minutos mais tarde.

Sul-americana, cerca de 40 anos, última de uma família numerosa, muito unida e crente "mas não muito praticante", é nas missas frequentadas na paróquia como menina em companhia da mãe que começa a ouvir o "chamado" de querer ficar sempre mais próxima de Jesus. "Por volta dos 15 anos, sozinha, comecei a procurar um caminho para mim." Tímida e sensível, Marcela se lança nos grupos jovens e iniciativas diocesanas para "viver experiências de Igreja o mais possível", até conhecer as Irmãs Carmelitas: "Com seu modo de ser e de viver, arrebataram totalmente a minha alma".

Marcela tem 19 anos, quando decide entrar como aspirante para um mosteiro de clausura no centro da Itália, ramo de uma conhecida Ordem fundada por

Madre Joana, de 60 anos, ramificada em diversas regiões da península e também no exterior.

"Sim, tive de ir para o outro lado do mundo, mas qual era o problema? Eu estava indo para Jesus, aquele era o meu lugar."

Porém, já nas primeiras semanas, a moça compreende que a realidade é bem diferente de suas expectativas e de seus ideais. Não era tanto o silêncio imposto, "aquele faz parte da Regra da Ordem", nem os longos jejuns e as espartanas condições de vida, como cortar os cabelos com 5 centímetros de comprimento ou pedir licença para tomar banho ou ter um absorvente durante os dias do ciclo; mais importante, porém, era a "falta de humanidade" que, com o tempo, torna-se deprimente. Sobretudo por parte da madre geral. Lá dentro, esqueciam que por trás do hábito existiam pessoas.

"Para as jovens noviças, toda a força é posta na formação espiritual, baseada inteiramente no ideal da perfeição. Quantas vezes ouvi a madre dizer: 'Sentes-te perfeita assim? Isso te ajuda a te tornares perfeita?' Ao contrário, pouco ou nada é oferecido para uma formação intelectual e, sobretudo, humana, isto é, como enfrentar certas dinâmicas relacionais totalmente diferentes daquelas vividas externamente".

Por exemplo, a Marcela não parecia simples ter sempre uma irmã ao lado que ouvia os telefonemas para a família, que lhe abria os envelopes das cartas que enviava e recebia, que a segurava por um braço quando saudava um rapaz conhecido na paróquia. "Desde os tempos da escola, sempre fui respeitosa ao meu dever, obediente às regras. Desde pequena tive um caráter muito introvertido; por isso, jamais quis agir de acordo com a minha vontade. Porém, sentia-me verdadeiramente mal."

Mais do que qualquer outra coisa, o que faz a moça sofrer é não ter a mínima liberdade de palavra: "Podia-se dizer o que se pensava? Absolutamente não! Por medo e rancor, era melhor calar-se. Com o passar dos anos estabeleci relações humanas muito profundas, mas nunca tive a força de confiar meu mal-estar a outras coirmãs. Tinha medo que fossem referir tudo à Madre Joana".

Precisamente a Madre Joana é a pessoa que atormenta a psique de Marcela. "Então, não a julguei, e não quero fazê-lo agora, embora tenha tornado a vida impossível a mim e a muitas outras moças. Para mim, ela era uma vítima do sistema que ela mesma havia criado." Sim, porque a superiora era fundadora, ecônoma, madre geral e também mestra das noviças, e nestes papéis permaneceu por 35 anos, embora modificando algumas normas da Constituição do instituto.

"Estava sobrecarregada de compromissos e pensamentos e, por isso, estava sempre nervosa. Seu humor determinava o clima no mosteiro. Por vezes, até simples acontecimentos eram vividos como tragédias. Por exemplo, um dia pôs-nos todas em roda, porque uma irmã havia quebrado um vaso durante o banho e gritou: 'Enquanto não se souber a culpada, estais todas punidas!' Quase chegamos a rir-nos disso; recordo o dia em que uma coirmã me disse: 'Na próxima vez, sacrifico-me e digo que fui eu; assim, ao menos, deixa de gritar'".

E mais, as punições eram contínuas. Felizmente, nunca físicas, mas sempre psicológicas: pequenas privações de alimento, proibição de participar do recreio, insultos públicos. "Gritava continuamente, também na capela diante do Santíssimo, talvez por uma luz acesa ou por uma mancha no chão. Uma vez, deixei cair um pouco de molho no soalho; pedi-lhe perdão, mas, mesmo assim, repreendeu-me diante de todas. Recordo também que um dia, como postulante, fui ao seu quarto para mostrar-lhe algumas coisas que não iam bem na vida de todos os dias. Nada de importante, problemas de horários e organização logística. Agrediu-me: "Eu não quero te ouvir, vens sempre para te queixar, queres ser santa ou não?"

Essa atitude havia se radicado também nas outras irmãs mais idosas: "Sempre muito agressivas, sobretudo com as noviças. Segundo elas, era uma maneira de formá-las, de educá-las. Duas ou três não suportaram e fugiram. Uma tarde, durante uma festa, passamos horas procurando uma jovem que entrara dois meses antes. Não estava em parte alguma; no fim descobrimos que pulara o muro para ir embora, sem ao menos pegar seus pertences. Não a censuro, com Madre Joana era difícil também conseguir partilhar um momento de crise e estabelecer os procedimentos para a saída".

Marcela, dócil por natureza, resiste, emite os primeiros votos aos 21 anos e, depois de três anos, os votos temporários. Compensa os vexames com uma intensa vida de oração e com momentos de pura alegria no seio do mosteiro. "Sempre obedeci, jamais contra a vontade, mas porque totalmente aberta à vontade de Deus".

E a vontade de Deus passava, segundo Marcela, também por aquela superiora raivosa, demasiado rígida na formação, e num sistema muito baseado sobre as regras e as normas de comportamento. Depois de quase vinte anos naquele mosteiro, algo começa a crescer dentro dela: "Uma raiva reprimida que sentia crescer dia após dia. Nunca a pus para fora, embora sentisse que me sufocava.

Via que minha personalidade se fragmentava; em família, estava habituada a falar, ter prazer, sorrir. Ali, até o volume de minhas risadas era contestado: 'Este não é o comportamento!' Comecei a ter crises de choro improvisamente, depois ataques de pânico e manchas na pele".

A um certo ponto, Marcela temeu terminar como aquela outra coirmã que, um ano antes, foi hospitalizada com síndrome de burnout. Mas, jamais quis pedir ajuda: "Não queria acabar entre as 'loucas', ou aquelas que tinham 'alguma influência demoníaca', como eram etiquetadas as irmãs em crise. Também quando adoecíamos, devíamos estar mal, com a febre a 40º, caso contrário, a madre dizia que fingíamos estar doentes para não trabalhar".

Alguém experimentou contestar esse estilo de vida tão pesado: "Mas cada palavra contrária era julgada como uma rebelião. Madre Joana falava-nos de mortificações, porque estas aproximavam do ideal de perfeição, e citava os santos ou a Palavra de Deus para provar suas teses. E se alguma chorava, replicava: 'É teu orgulho ferido'".

Numa moça, de *per si* frágil como Marcela, o impacto emotivo é fortíssimo: "Eu fazia de tudo para não ser humilhada. Levantava-me antes da hora para não chegar atrasada, comia rapidamente, estava sempre presente a tudo, desde as orações até os trabalhos, também quando o físico exigia de mim um pouco de repouso. Não queria ser censurada, não estava habituada".

O que salvou a moça da queda definitiva foi uma série de circunstâncias externas. "A madre estava perdendo o controle pelos demasiados compromissos e os demasiados encargos. Havia experimentado inclusive pôr a mão sobre o ramo masculino da congregação, mas dali partiram algumas denúncias para o Vaticano."

Com estas, também uma série de cartas assinadas por moças que saíram – aquelas que, internamente, as irmãs chamavam de "defuntas" – e lamentavam abusos psicológicos e de consciência naquele belo edifício isolado no verde.

O fascículo sobre a escrivaninha da Congregação para os Institutos de Vida Consagrada enche-se sempre mais, a ponto de o Dicastério decidir enviar um comissário pontifício. O sacerdote, da mesma nacionalidade de Madre Joana, permanece um ano e meio e acompanha o instituto para um Capítulo Geral a fim de substituir a madre geral. "Foi muito difícil organizá-lo, porque a madre não nos havia formado para ter outra superiora além dela. O comissário teve grande paciência, ofereceu-nos questionários, propostas, sugeriu iniciativas... Foi um Capítulo, digamos, acompanhado".

Enquanto isso, Madre Joana volta para seu país de origem na América do Sul; é substituída por uma irmã mais jovem e afetuosa, mas que tem dificuldade de exterminar a centralização de poder implantada pela fundadora. Marcela sente-se bem com ela, tem um relacionamento mais livre, mas alguma coisa já está rompida e a moça, graças à ajuda de uma psicóloga conhecida na Paróquia que frequenta, pede a exclaustração, a faculdade de viver temporariamente fora do instituto religioso.

Marcela narra tudo isso menos de catorze dias depois de ter deixado o mosteiro do centro da Itália e ter encontrado acolhida numa casa religiosa no Lácio. No momento do colóquio, não sabe se deve continuar a usar o véu: "A vida religiosa recorda-me tudo aquilo que vivi. Gostaria de voltar para outro mosteiro, mas, dentro de mim, sinto como que uma prisão".

A mulher iniciou uma caminhada de terapia psicológica: "Tenho traumas pregressos. Tenho sempre medo de errar… Por exemplo, no lugar em que resido agora, não tenho obrigação de ir cada manhã para a capela a fim de rezar; mas cada manhã acordo às 7h, porque me vêm escrúpulos e temo que alguém possa me censurar. Felizmente, encontrei uma comunidade que me é próxima e me ajuda a recuperar o equilíbrio". De uma coisa estou certa: "Não tenho queixas, não penso ter perdido vinte anos de minha vida. O Senhor faz tudo bem-feito e também das experiências negativas, certamente, amadurecerão frutos de bem. Isso me dá confiança no futuro; talvez não seja mais uma freira, serei uma leiga consagrada, casar-me-ei, não sei… Estou aberta ao que meu coração me inspirar. Espero somente ser feliz".

Anna

Abraçar a vida consagrada fora uma surpresa até para a própria Anna, que já no tempo dos estudos médios sentia na alma o forte desejo de servir a Deus. "Ainda que não soubesse bem como". Crescida numa família numerosa e profundamente religiosa, mas que "sempre me deixou livre para escolher minha vocação", Anna esforça-se na escola e no esporte, frequenta a paróquia, gosta de livros, mas sente que "em todo o quebra-cabeça falta sempre o último pedacinho". Não será, talvez, aquela vida espiritual para a qual sente "um certo fascínio"?

O encontro com um sacerdote da paróquia que desde sempre frequenta e na qual recebeu os sacramentos cria uma reviravolta: sugere-lhe fazer – embora muito jovem – uma experiência de alguns dias num mosteiro de clausura.

"Confiei, porque estava um período de muitas perguntas e sempre pensei que a vontade de Deus passa através de pequenos sinais. Não me arrependi de ter seguido aqueles sinais." Aqueles dias são "um tempo muito bonito do ponto de vista espiritual: pude experimentar uma forte proximidade com Deus e, ao mesmo tempo, conheci uma realidade maravilhosa".

Nos meses seguintes, tudo acontece rapidamente. À distância de uns dez anos, Anna não consegue nem recordar a cronologia precisa dos acontecimentos. O fato é que, poucos meses depois daquela experiência, encontra-se no mesmo mosteiro, numa cidade da região central da Itália, como postulante.

"Quem teria imaginado isso? No entanto, eu estava ali, sentia-me realizada... Foi o início de um percurso belíssimo, que me levou, depois de alguns anos, à Profissão solene. Um percurso feito de altos e baixos, certamente, porque a fraqueza humana é comum a todos, mas também uma caminhada de serenidade e harmonia, na qual vi que Deus operava muitas transformações na minha vida".

Os primeiros anos transcorreram "muitíssimo bem"; Anna aprende muitas coisas "não só no campo espiritual, mas também do ponto de vista humano". E vai crescendo sempre mais a convicção de que era exatamente aquela a vida que Deus havia preparado para ela: "Com todo o meu ser, dediquei-me a qualquer 'encargo' que me fosse indicado".

Anna faz um pouco de tudo e as irmãs mais idosas do que ela a estimulam a fazê-lo porque a viam viva e capaz, levada pelos novos meios de comunicação que já se tornam necessários também nos mosteiros de clausura.

Particularmente, a madre superiora, uma estrangeira, tem grande estima por ela: "Eu a chamava de madre, sentindo realmente no coração que era uma verdadeira mãe, para mim e para as outras irmãs. Sempre senti seu apoio e estímulo".

O relacionamento é positivo também com as outras irmãs; aliás, Anna é uma moça que se faz amar por todos. "Eu sentia o amparo nas suas orações, para mim eram uma nova família". Isso não lhe poupa momentos de crise: "Mas, penso que seja normal, antes, até positivo... Uma voz interior estimula-me sempre a ir adiante, pois aquela era a vontade de Deus e, portanto, também nas mudanças, percebia uma profunda paz".

Isso não impede que Anna perceba logo a impostação excessivamente rígida da vida daquela Ordem: "Para dizer a verdade, não me desagradava e me habituei rapidamente". Entre as "regras" do mosteiro existia aquela de chamar-nos de "senhora" umas com as outras e pedir licença antes de fazer qualquer coisa: tomar banho, depilar-se, arrumar a cama, pôr em ordem o próprio quarto. Sim, Anna se habitua, mas, com o tempo, essas regras tornam-se pesadas: "Às vezes, parecia-me estar mais numa caserna do que num mosteiro. A mim, porém, fora ensinado que a vida monástica é assim, e basta. De qualquer modo, era como se tivesse sido "doutrinada", coisas que eu também fiz com as outras moças, mais jovens, que entraram depois de mim... Impressiona-me, com o bom-senso que veio depois, pensar que aquelas rigorosidades que, de qualquer modo, faziam-me sofrer, eu as aplicava em relação às outras menores".

Alguma coisa não ia bem no mosteiro e, pouco a pouco, Anna ia percebendo: "Por exemplo, era-lhe desaconselhado ter um padre espiritual, mesmo que somente algumas o tenham pedido e lhes tenha sido negado, porque com a madre podia-se e devia-se falar sobre tudo. Antes, era melhor falar com ela do que com alguém 'externo'. Só com o passar dos anos compreendi que era uma coisa muito errada, porque corria-se o grande risco de fundir o foro interno com o foro externo".

Numa palavra, tudo devia ficar "dentro" dos muros daquele histórico mosteiro. Proibido falar das coisas que não iam bem a outros, muito menos aos familiares, com os quais estava garantido um mínimo de contato em algumas ocasiões do ano: "Devíamos resolver tudo entre nós".

Diante desses problemas, Anna, por vezes, tenta responder, mas, em geral, deixa correr: "Parecia-me que tudo estivesse bem, da maneira como vivíamos".

Ao menos até que Anna começa a ter sérios problemas de saúde: "Algum tempo depois da minha Profissão solene, tive problemas de depressão. Pensava poder controlar tudo, como sempre fiz, em casa, na escola, no mosteiro, mas aquela situação estava me fugindo das mãos".

Naquele momento, quando Anna não tinha nem 30 anos, inicia aquilo que ela descreve como o seu "calvário": "Consultamos um médico especialista, iniciei uma terapia farmacológica e um período de psicoterapia; depois de três meses, comecei a sentir-me decididamente melhor".

Pouco depois, porém, surgiram "outros problemas". Devido aos remédios e outras coisas, Anna torna-se pesada na alma e no corpo, cansa-se facilmente, dorme com irregularidade e isso a torna nervosa. "Logo compreendemos que a situação não se resolveria em pouco tempo e que o diagnóstico não seria tão simples e seguro." Diagnóstico que chega aproximadamente um aninho depois e é diferente daquilo que Anna esperava: "Deveríamos enfrentar uma doença psiquiátrica e não teria sido fácil, disso eu tinha consciência desde o início. Mas, graças a Deus, sentia-me serena. É verdade, uma doença psiquiátrica deves carregá-la por toda a vida, mas se aprendes a conhecê-la e a conhecer-te, convives tranquilamente com ela".

As outras irmãs, porém, não pensam assim. "Quando aparece uma doença que envolve a esfera mental mais do que o corpo, tem-se muito mais medo de enfrentá-la. Não sei bem o que aconteceu entre as irmãs: precisamente o medo ou, talvez, o desânimo ou o preconceito. O fato é que, pouco a pouco, de um apoio inicial comecei a ver por parte delas uma certa desconfiança em relação a mim. Afastavam-se sempre mais e, por meio de pequenas atitudes, faziam-me compreender que, de certa maneira, a culpa era minha, que não me havia esforçado suficientemente como fazia antes, que não fora exata, que me deixara levar e não estava em condições de ir adiante. É verdade, eu mudara muito, não conseguia seguir os horários, levantar-me cedo para as Laudes e deitar-me nos horários estabelecidos. Cansava-me no trabalho e também na oração... Porém, sempre procurei fazer o máximo, cumprir todos os deveres, mesmo que, por vezes, o meu físico me dissesse: 'Para'!

Mais do que a doença, o que faz Anna sofrer é o fato que de seus problemas não se deve falar. "Era um assunto tabu. Mas, por quê? Quando outras irmãs tiveram problemas físicos, mesmo decididamente menores, sempre houve muito cuidado. Por que para mim não? Uma doença não é igual a outra? Por que tanto silêncio em relação a mim e por que as outras, sobretudo as 'pequenas', não deviam saber aquilo que eu estava vivendo? Será que, talvez, não me teriam compreendido melhor? Teriam rezado por mim com maior intensidade e não sei mais o quê... Disseram-me que devia manter reserva e, no máximo, falar com as poucas irmãs que me estavam próximas".

Anna está atormentada: "Desse fechamento nasceram os sentimentos de culpa. Pensei que eu mesma era a causa de minha doença, que, talvez, Deus tenha querido punir-me por algo que eu havia feito ou que não tivesse feito..." As irmãs nada fazem para aliviar esse momento de Anna; antes, agravam-no. E lhe aconselham passar um período fora do mosteiro, para poder descansar e retomar com mais facilidade.

Hoje, será excessivo definir o conselho como uma arapuca? Talvez. Mas, de fato, "naquele lapso de tempo que, por seu conselho, vivi fora do mosteiro, depois de alguns meses, disseram-me que não voltasse mais, porque, segundo elas, aquela vida não seria mais para mim. Decidiram, sem consultar os superiores nem os especialistas que me seguiam. Ainda hoje pergunto-me em que base decidiram".

Para Anna é um choque: "Não conseguia convencer-me daquilo que me haviam dito e esperava que ainda se pudesse fazer alguma coisa para salvar aquela que, na minha opinião, era a minha vocação, pela qual eu havia sacrificado toda uma vida. Entre lágrimas, pedi para voltar. Foi-me concedido, mas com uma quantidade de 'condições': eu devia considerar-me a última, como uma postulante, dar o máximo e também, se surgissem problemas de saúde, ignorá-los e ir adiante, intensificando a oração e o trabalho, porque, segundo elas, essas dificuldades não deviam mais influir na regularidade da minha vida monástica".

O sentimento de culpa cresce sempre mais: "Eu dizia comigo mesma: mas não seria melhor se eu tivesse quebrado uma perna? Ao menos, neste caso, teria sarado em pouco tempo... Ao contrário, minha doença exigia tempo para se estabilizar".

Gradualmente, Anna é marginalizada, são-lhe cancelados todos os encargos precedentes e, em particular, recorda que uma coirmã, coetânea sua, repetia-lhe continuamente que aquele não era seu lugar, que devia se cuidar e assim por diante. "Na prática, fui colocada na condição de ter de escolher entre minha saúde física e mental e minha vocação".

Fala dessa dúvida à superiora e às outras irmãs mais idosas, que, num bater de olhos, dizem-lhe que deveria assinar uma folha na qual, voluntariamente, declara que escolheu sair. "Assim, elas sairiam limpas e eu carregaria comigo a vergonha de ser 'aquela que fugiu'. Disse-lhes que, no mínimo, eu teria a coragem de assinar uma folha na qual declarava que foram elas a pedir-me para ir embora. Mas não o fizeram e, nem sei como, atordoada pelos remédios e pelos acontecimentos, vi-me a pedir a dispensa. Contra a minha vontade."

Provavelmente, a situação de Anna jamais foi submetida, de maneira clara, à Congregação para a Vida Consagrada. "A dispensa dos votos continua um mistério. Até hoje não tenho ideia do caminho que seguiram... Sei apenas que em poucos meses estava fora, depois de muitos anos, sem nada compreender".

A moça vê-se a viajar sozinha, quase ao nascer do sol, com três malas e algumas sacolinhas, a trocar de trens e ônibus para poder chegar à sua região, à casa da família, que ainda quase ignorava o que acontecera naquele mosteiro, do qual, nas raras chamadas, Anna dizia: "Tudo vai bem".

"Os primeiros dias foram duríssimos. Choros, saudades, pensamentos angustiantes, até dúvidas de fé. Minha família foi minha âncora de salvação. Defendeu-me e apoiou; também experimentaram ter contatos com a madre, para melhor compreender minha situação e encontrar um meio de me ajudar. Nem puseram a madre ao telefone. Grande ajuda veio também de minha paróquia, que me acolheu com naturalidade, a mim que me sentia julgada e que ainda me ressentia daquela ordem de não poder falar sobre meus problemas."

Para Anna foi fundamental nunca interromper o processo de psicoterapia, coisa que – quase quatro anos após sua saída – ainda segue, embora com menor frequência. Hoje, Anna estuda numa universidade, prestou todos os exames, sai e viaja com as amigas e, sobretudo, tem objetivos para o futuro: "Há quem diga que aquilo que faço tem algo de incrível, que me recuperei em tempos realmente muito mais breves do que se previa. Certamente, é uma graça de Deus".

Contudo, o "véu da tristeza" desce "quando penso na vida consagrada. Às vezes também choro, porque estava certa de que era isso que Deus havia pensado para mim. Jamais teria imaginado que, com o surgimento de uma doença, embora tenha acontecido após a Profissão solene, eu seria colocada à porta com tanta facilidade. Já não havia diálogo, a superiora estava sempre mais desligada, eu não compreendia por que não tínhamos o relacionamento de liberdade e de sinceridade de antes. Elas decidiram e eu devia executar".

Para Anna, a experiência ainda está viva: "Penso que ainda terei necessidade de tempo, talvez, muito tempo, para compreender o sentido de tudo aquilo que me aconteceu. Muitas vezes paro nessa roleta de compromissos que já caracteriza a minha vida e me pergunto que sentido tem aquilo que hoje estou fazendo. Sim, consegui reinserir-me 'no mundo', mas não compreendo bem o que deva fazer de minha vida. Muito convictamente segui uma vocação, identificava-me com aquele carisma e depois, num bater de olhos, tudo se transforma e sou afastada, tratada mais como uma coisa do que como uma pessoa".

"O que mais me prejudica", prossegue, "é, afinal, não ter quase mais contatos com ninguém… Jamais uma carta, um chamado, ao menos para saber a quantas anda a minha saúde, minha recuperação. Nada… Depois de muitos anos vividos juntas, comportam-se como se jamais se tivessem conhecido. Numa ocasião, pedi até para poder telefonar a uma querida coirmã apresentando-lhe os cumprimentos porque soube ter emitido os votos, mas me responderam que seria melhor não fazer isso. Sofri muito".

É a primeira vez que Anna narra o que lhe aconteceu, embora já tenham passado alguns anos. "Não quero que estas minhas palavras causem um escândalo ou divisões na Igreja, que sempre vi como uma mãe, e não gostaria de fazer nada que possa causar-lhe dano. Porém, sinto forte o desejo que, na vida religiosa, sobretudo feminina, haja maior atenção à pessoa, a cada pessoa, e que se ponha em prática o que dizia o Papa Francisco: assim como se acompanham as vocações com muito cuidado e atenção para fazê-las 'entrar', do mesmo modo acompanhem-se aquelas que saem e sejam ajudadas a reinserirem-se nas dinâmicas do mundo. Se encontrar alguma que me diz sentir o desejo de entrar para a vida consagrada, expressar-lhe-ei meus cumprimentos e ficarei contente por ela, pois estou certa de que, em alguma parte, existem mosteiros nos quais se vive plenissimamente a caridade, a fraternidade. Pessoalmente, passei por uma experiência infeliz e não sei por que Deus a tenha permitido. Espero, porém, que se possa fazer algo na Igreja a fim de que haja mais atenção ao que acontece no seio dos mosteiros, porque não se pode sentenciar contra uma pessoa sem, ao menos, dar-lhe voz no Capítulo. A ela, aos superiores, aos especialistas que a seguem. Vivi uma grande ilusão, amei muito a minha Ordem, mas, por dentro, carrego muitas feridas. De fato, de todo o coração, rezo para que a Igreja faça alguma coisa, que haja mais atenção na formação das monjas, que, talvez, a própria Santa Sé tenha contatos diretamente com cada mosteiro, ao menos para certificar-se de que se seguem as indicações dos mais recentes documentos da Congregação para a Vida Consagrada e compreender que ares sopram lá dentro. Dou-me conta de que, por causa do elevado número, esta seja mais uma utopia do que uma possibilidade, mas seria importante… Talvez, com formas de maior tutela, teria podido terminar os meus dias no mosteiro. De vez em quando, digo-me que teria desejado, de todo o coração, continuar minha vida como claustral. Não tive possibilidade para isso. Agora estou reconstruindo uma vida sobre aquilo que chamo o 'mistério de Deus'. A Ele confio o meu futuro".

Thérèse

A saúde sempre foi muito precária para Thérèse, 40 anos dentro de alguns meses, proveniente de uma cidadezinha da França. Os problemas da coluna vertebral a atormentavam desde a infância e a acompanharam até a idade adulta, quando, depois de um longo período de discernimento, amadurecido no movimento carismático, e após uma intervenção cirúrgica, decidiu entrar para uma congregação religiosa de seu país. Thérèse tinha, então, 20 anos, laureara-se em *marketing* e economia, tinha um trabalho fixo e independência econômica; era membro ativo da paróquia e sentia-se, espiritualmente, forte, graças a um padre confessor "muito bom" que a seguia há anos.

Fisicamente, Thérèse não era muito forte, e isso representou logo uma limitação naquele instituto religioso onde as superioras pareciam esperar que as jovens coirmãs desempenhassem os trabalhos mais pesados. "Permaneci sete anos na congregação, mas saí antes da Profissão perpétua, pois já não conseguia suportar física e psiquicamente o que acontecia na comunidade. Comunidade era apenas uma palavra, algo totalmente diversa era a realidade. Encontrei um ambiente dividido, onde faltava a unidade e a maturidade emotiva de quem fazia parte dela. A divisão principal era entre as superioras e as noviças, por sua vez subdivididas entre aquelas "às quais amar", porque dóceis e obedientes; e aquelas que deviam ser humilhadas e rejeitadas, porque rebeldes".

Thérèse fazia parte da segunda categoria. Isso porque, de vez em quando, durante as reuniões, experimentou fazer notar algum erro na administração do instituto, responder "com caridade" aos atos de soberba – para não dizer de prepotência – das irmãs mais idosas, evidenciar as incongruências entre a realidade quotidiana, as constituições ou o próprio Evangelho.

"Deus estava presente na congregação, disso estou certa, e me enchia de amor pelas irmãs, também por aquelas com as quais, humanamente, tinha mais dificuldade de me relacionar. Sentia que minhas orações eram ouvidas e lutava por permanecer firme na minha vocação, apesar das fraquezas das outras. Com o passar do tempo, porém, não consegui. Os mexericos, as calúnias, o escárnio, os golpes baixos, as manipulações, os conflitos sempre frequentes, levaram a dar-me por vencida. Dentro de mim combatia para chegar a renovar os votos, mas sentia faltarem-me as forças."

Thérèse foi a última de umas vinte moças que, pouco a pouco, ano após ano, saíram do instituto, quase chegando a esvaziá-lo. "As traidoras", assim eram chamadas pelas que permaneciam. "Falando com algumas dessas moças, quase todas confiavam-me que já não conseguiam suportar a ausência de cordialidade, de abertura, de confiança, como também a incapacidade de comunicação por parte das irmãs maiores, nas quais se notava uma grande frustração."

Particularmente, um grupinho de 3-4 irmãs costumava vigiar as coirmãs mais jovens e relatar qualquer coisa à madre superiora que, por sua vez, nutria-se de mexericos e calúnias e formulava juízos irreversíveis.

"Sempre que me repreendeu por alguma coisa, minha autodefesa foi totalmente inútil. Já havia emitido a sentença."

Thérèse resiste longamente porque sente que, para além das injustas acusações, também por aquilo que não fez, existe um bem maior: Deus. Mas, a um certo ponto, é o corpo que clama à moça para parar. "Minha saúde piorava progressivamente e submetera-me a algumas operações nas costas já durante o postulantado. Pedi às minhas coirmãs que me dispensassem de trabalhos superiores às minhas forças. Porém, a congregação parecia não encontrar algo adaptado a mim. Portanto, tive de fazer a limpeza, carregar os pacotes da Providência, ocupar-me das mansões para a fundação interna à congregação. Isso também por algumas horas e até à noite. Sentia consumir-me."

Quem agravou a condição já frágil de Thérèse foi Irmã Alice, um pouco mais idosa do que ela, mas já há mais tempo no convento. A irmã a controla servilmente. Talvez por inveja, talvez por instintiva antipatia. "Irmã Alice mostrava em relação a mim uma grande prepotência também em nível psicológico. Por exemplo, se depois de ter lavado o soalho por meia hora via alguma manchinha, ordenava que o lavasse novamente desde o começo. Mantinha-me sob controle: quantas coisas tinha feito, quando, como, onde… Uma vez, procurei responder e disse para mim mesma: 'Se realmente existisse Deus em teu coração, não terias problemas e terias todas as forças de que necessitas!'"

Thérèse confia suas dificuldades ao diretor espiritual, que a põe em contato com um médico. Necessita de cuidados especializados, mas a congregação recusa-se a pagá-los: "Não há dinheiro suficiente para os problemas de todas!" Por indicação do médico, pede, ao menos, não precisar mais levantar pesos ou realizar trabalhos que a obriguem a inclinar-se. "Deverias sofrer por Jesus", respondem-lhe.

Então, Thérèse tomou coragem: "Ou me trocam de trabalho, ou saio". É mandada fazer tarefas de contabilista fora da comunidade. "Fora daquele ambiente sentia-me bem, sentia-me aceita e estimada, mesmo com minhas limitações. Se dissesse uma palavra fora do lugar, não era processada. Se mostrava algum comportamento errado, não ouvia dizer que era culpa minha, porque era incapaz de amar."

Alguém faz notar à superiora que a moça passa demasiado tempo fora da comunidade por causa do trabalho. Por isso, não haviam passado nem cinco meses, Thérèse é chamada: "A madre me disse que eu usava o meu emprego para poupar-me da vida comunitária, que, de propósito, retardava fechar os balanços para ficar o mais possível longe das irmãs. Impôs-me voltar ao trabalho no instituto, ou melhor, recuperar os atrasados. Respondi que aquilo era um abuso de poder; replicou-me dizendo que eu era demasiado sensível e que interpretava os fatos de modo pouco lúcido. 'O problema está só na tua cabeça', disse-me, fazendo-me compreender que também as outras irmãs, há tempo, consideravam-me uma doente mental".

Oprimida por essas acusações, a própria Thérèse se convence de que, provavelmente, há algo na sua cabeça que não vai bem e isso a desgasta mais do que as dores nas costas. Pede, então, com força, para consultar um psicólogo, fazer testes para compreender se, de fato, necessita de uma terapia. "A madre me responde que as irmãs não consultam psicólogos e que, se quisesse iniciar esse tipo de ação, deveria antes deixar a congregação. Talvez, depois da terapia, poderia voltar. 'Certamente, se a terapia durar dez anos, depois serás muito velha para voltar', acrescentou rindo."

No entanto, a Thérèse, bastaram só dez meses fora do instituto, aos cuidados de um terapeuta católico, para se reequilibrar. "Voltei a ser eu mesma, senti-me novamente cheia de vida. Chegara ao ponto de não ver saída em parte alguma. Experimentara também passar para outra congregação, mas o pedido foi rejeitado por causa da fragilidade de minha saúde psíquica e física. Não entrei mais em parte alguma."

Os primeiros meses fora do instituto não foram fáceis para Thérèse: carteira vazia, nenhum alojamento para onde ir, nenhum parente ou amigo a quem se dirigir. "Estava cheia de medos e neuroses… As irmãs haviam feito de tudo para que me sentisse em falta e eu não fazia mais do que culpar-me: eu também me tornara uma das 'traidoras'? Por quê? Talvez tivesse feito um mau discernimento? Não compreendia se tudo aquilo que me acontecera era uma tentação ou a vontade de Deus. Ademais, sentia terrivelmente a falta do hábito. Parecia-me estar despida, humilhada."

Quem a salvou da depressão e de cometer gestos impensados foi, sobretudo, o padre espiritual com a qual Thérèse jamais havia interrompido os contatos. O sacerdote, através de uma rede de pessoas, conseguiu encontrar-lhe um trabalho de meio período e também um quarto na Cúria da diocese. "No pior momento, não me senti só, encontrei muitos irmãos e irmãs dispostos a oferecer-me as coisas essenciais para viver: doavam-me roupas e sapatos, convidavam-me para o almoço e janta. Pagaram-me também alguns meses de terapia individual e de grupo, visto que, quando saí, a congregação deu-me apenas uma pequena soma como recompensa pelo meu trabalho."

Dois anos após sair do instituto, Thérèse ainda segue um período de psicoterapia e, através da WhatsApp e outras redes sociais, está em contato com algumas daquelas coirmãs com as quais partilhou a vida diária por sete anos. Porém, tem dificuldade de reconciliar-se com o passado: "Por que fui tratada tão mal? Por que fui obrigada a deixar tudo, mesmo sentindo ter forte vocação? Não aceito o fato de não ter recebido nenhuma ajuda, de ter sido tomada em consideração somente quando me inclinava e restituía alguma coisa à comunidade. Foi-me ensinada a misericórdia, mas, quando deixei de trabalhar até a última respiração e na obediência cega para defender minha saúde psicofísica, fui tratada como louca e rebelde. Digo ter perdoado, mas, na realidade, ainda sofro muito".

Para Thérèse, o que aconteceu, certamente, "é a história que Deus quis escrever para mim. Peço a Ele, cada dia, que me ilumine sobre minha missão, sobre o sentido de minha vida e também sobre o tipo de vida consagrada que poderia abraçar. Apesar de tudo, ainda me sinto chamada".

Elizabeth

Elizabeth é uma mulher extraordinária. *Sister* é como a chamam no trabalho, onde desempenha um importante papel de responsabilidade e onde todos apreciam sua precisão e dedicação. Na vida, depois de ter feito os votos, trabalhou muito; é hábil com as redes sociais, é informada e atualizada; mas, há mais de trinta anos, carrega um peso na alma: o fato de nunca ter estudado. Não por opção sua, mas por decisão de suas superioras, que lhe fizeram pagar o preço de "ter erguido demasiadamente a cabeça" em alguns momentos e em algumas situações.

Irmã Elizabeth é uma das *no sister* de sua congregação, uma daquelas que nem sempre segue as regras do jogo, que não busca a estima de suas superioras. Isto é, o oposto das *yes sister*, as irmãs dispostas a dizer "sim" sempre e de qualquer forma, também quando estão diante daquilo que é, claramente, uma chantagem ou um abuso de consciência.

A caminhada religiosa da mulher, proveniente da Austrália, inicia nos primeiros anos da década de 1980, quando, pouco antes de completar quinze anos, faz seu ingresso em uma congregação que "se orgulhava de ser fiel ao magistério da Igreja sobre a vida religiosa. Estava em pleno desenvolvimento a principal exigência do Vaticano II: que todos os institutos religiosos renovassem suas constituições, de maneira a refletir da melhor forma seus carismas de fundação. Meu instituto religioso participava ativamente desse processo, ao menos, desde 1970. Assim que as nossas novas constituições foram aprovadas, em 1984, a renovação parou. Digamos que foi como se tivesse se consumido, exaurido."

Em outras palavras, aquilo de que Elizabeth foi testemunha é que, embora tivessem sido aprovadas novas constituições, especialmente sobre as novas interpretações dos três votos, depois, elas não eram aplicadas à realidade.

"O que aconteceu é que tudo ficou 'como era no noviciado e agora e sempre, pelos séculos dos séculos. Amém'. Como diz o velho provérbio: 'Mais fácil se dizer do que se fazer'. Isso causou e ainda causa enormes tensões entre aquelas que viveram muitos anos sob as constituições pré-vaticanas, e aquelas que foram iniciadas à vida religiosa com os textos atualizados."

Um dos principais aspectos que ficou intocável foi a compreensão da autoridade e a maneira de exercê-la na vida religiosa. "A teologia pré-vaticana era muito clara quanto ao fato de os superiores discernirem a vontade de Deus e de suas decisões expressarem a vontade de Deus para aquelas que estavam sob sua autoridade. Senti-a na minha pele... Outra crença comum é que aquelas que gozam de alguma autoridade 'têm a graça' para seus súditos. Por isso, já antes e durante o noviciado, foi-me ensinado que a irmã responsável era quem determinava se nós, jovens, tínhamos vocação ou não. Se queríamos ir embora, mas se ela pensasse que éramos chamadas, cometeríamos um pecado mortal. Da mesma forma, se alguma de nós se sentia chamada, mas não caía nas suas graças, jamais emitiria os votos. Com os anos, descobri que se tratava de uma prática comum: quantas mulheres disseram-me ter deixado a vida religiosa depois da Profissão definitiva, que jamais tinham querido fazer, mas que foram convencidas a emiti-la pelas superioras."

Além disso, já nos primeiros anos, Irmã Elizabeth enfrenta aquilo que define como "práticas em voga nos Institutos religiosos antes do Vaticano II". Práticas que correspondem a "velhos hábitos sacralizados e inflexíveis... que criam resistência por causa de sua rigidez e incapacidade de, realmente, adaptar-se à renovação".

Que práticas?

"Assim que uma moça, uma mulher, entra para a congregação, é eliminado tudo aquilo que se refere à identidade pessoal, portanto, a arrumação dos cabelos, o estilo dos óculos, os sapatos e a roupa, inclusive a roupa íntima. É proibido falar de qualquer tipo de experiências pessoais; o correio, de entrada ou de saída, é lido e controlado; as chamadas e as visitas a casa são extremamente limitadas. Proibida também qualquer forma de relacionamento interpessoal ou um espaço de privacidade. Dorme-se em grandes dormitórios, come-se o mesmo alimento e em iguais porções, pede-se licença para tudo, inclusive para o uso do banheiro."

Não só: "Recordo que cada momento do dia era regulado. Eu e minhas companheiras, por exemplo, não tínhamos acesso a nenhum recurso financeiro. Era-nos limitada a higiene pessoal e éramos controladas nas leituras, no ver a televisão ou ouvir rádio". Os estudos, então, só podiam ser fornecidos no seio do instituto, raramente em institutos de instrução superior administrados por outros. Uma dor muito grande acontecia "quando uma companheira desaparecia, ninguém podia despedir-se, nem falar dela, muito menos podíamos tentar pôr-nos em contato".

A maior virtude era a conformidade: "Éramos premiadas quando nos adaptávamos, como também éramos punidas, de vários modos, por ter ousado pôr em discussão até pequenas coisas. Sendo uma pessoa muito investigadora e curiosa, para mim era normal iniciar uma frase com *I wonder*. Pouco depois de entrar, a irmã responsável proibiu-me de usar essa expressão".

Todavia, ninguém, nem mesmo a própria Elizabeth, jamais põe em discussão esse sistema. "Pensávamos que tudo isso fizesse parte da vida religiosa e, consequentemente, adaptávamo-nos. A alternativa era ir embora e cometer aquilo que as maiores definiam como um pecado gravíssimo.

Recentemente, falando com uma companheira e relembrando os anos logo depois de termos entrado para a congregação, ela me disse ter nutrido admiração a meu respeito por haver mantido a minha liberdade pessoal. Estava também muito surpresa com as lembranças conservadas daquela fase da vida passada juntas. Ela não se recordava de quase nada: 'Bloqueei aquela parte da minha vida na minha memória', disse-me. 'Tivemos de jogar segundo as regras do jogo para sermos boas meninas. Eu estava tão sujeita que, se alguma das responsáveis tivesse querido abusar de mim sexualmente, teria permitido, sem pensar que não devia fazê-lo. Pensávamos que qualquer coisa que nos fosse pedida fazia parte da vida religiosa'".

Depois de seis anos de experiência nesse ambiente tão doentio, as coisas começam a mudar, graças à intervenção direta do governo geral da época e do bispo local. "Mas o que comecei a compreender a partir de então é que mudar as práticas exteriores é uma coisa e, ao contrário, mudar o comportamento e as maneiras de agir e interagir, para adotar práticas mais evangélicas, exige mais tempo. Antes, vi que também muitas das minhas irmãs que haviam sofrido abusos de autoridade, depois repetiram certas práticas destrutivas e abusivas ou aquelas maneiras sutis de punir as que não se conformam com o sistema."

Pouco depois de emitir a primeira Profissão, Elizabeth inicia a amadurecer a consciência de que nem todas as decisões tomadas pelos superiores são vontade de Deus. "O 'discernimento' era o *slogan* usado para convencer-nos a obedecer, nada mais. Recordo de uma irmã que, depois de anos, me disse: 'Compreendi que somos todos como os cães. Mandam-nos sentar e nos sentamos, levantar e nos levantamos, etiquetar-nos e nos etiquetamos'. Mas, então, aquelas que entre nós começavam a perceber as fendas nos fundamentos com os quais havíamos sido doutrinadas, calavam-se, caso contrário eram literalmente expulsas. Eu mesma, por dois anos seguidos, recebi a notificação de que meu pedido de renovar meus votos não foi aceito. Ambas as vezes apelei, com sucesso, para meu superior provincial e, graças a Deus, permaneci. Mas sabia que ter feito esse apelo ter-me-ia ocasionado reações fortes por parte da minha responsável, que cria 'que eu não tinha uma vocação' e que ela era porta-voz da vontade de Deus. Na minha província, nenhuma jamais fez coisa semelhante. Fui a primeira a realizar um gesto 'imperdoável', isto é, a pôr em dúvida, antes, a não acreditar que minha responsável 'tivesse a graça' de mediar a vontade de Deus sobre minha vocação. Portanto, demonstrar uma sã autonomia de consciência. E precisamente em consciência, eu devia fazê-lo, porque estava convencida, e ainda estou, de que a vontade de Deus para mim era a de ser uma religiosa na minha congregação."

Porém, para Elizabeth, houve um preço a pagar, aquilo que hoje, para quem é religiosa há mais de trinta anos, representa, talvez, o maior e único desgosto: "Jamais me foi permitido completar meus estudos de Teologia e Filosofia, como prevê o Diretório que acompanha as nossas constituições. Um advogado canônico, que consultei antes de professar os votos definitivos, disse-me que eu tinha todos os papéis em dia para submeter meu caso a um tribunal canônico. Então, porém, decidi que minha vocação era mais importante do que meus estudos, pois as repercussões de tal ação teriam sido desastrosas. E assim, hoje, após três décadas dos votos, estou na situação de jamais ter conseguido os estudos básicos de Teologia e Filosofia, enquanto algumas de minhas coetâneas conseguiram frequentar o mestrado".

"Mais dolorosa ainda foi a motivação dessa escolha. Três razões pelas quais, segundo minha responsável, eu devia ir embora: eu era demasiado jovem quando entrei, a congregação não podia dar-me uma educação para o nível de minha inteligência, o relacionamento sempre tenso com meus pais... Sempre tive a impressão de que eram desculpas e que, substancialmente, tratava-se do fato que, por ter seguido minha consciência, fui considerada digna de receber os estudos básicos a que cada irmã na congregação teria direito. Não me queriam com meus dons, minha inteligência, mas uma pessoa feita à sua imagem..."

Alguns anos depois da Profissão definitiva, Elizabeth pede para obter o bacharelado, pois se dá conta de que sua educação escolar na comunidade, do colegial em diante, era, para dizer pouco, inferior à média. "Ao invés de permitir-me estudar Teologia e Filosofia como as outras irmãs de Profissão temporária, foi-me dito que estudasse qualquer outra coisa e consegui um diploma em literatura inglesa e espanhola. Anos mais tarde, pedi para conseguir um mestrado de Teologia num programa online. Mais uma vez meu pedido foi negado porque eu 'não era suficientemente serena'. Na prática, a negação dos estudos básicos exigidos pela própria congregação baseava-se em juízos sobre meu caráter; juízos elaborados por pessoas que, naquele momento, me aceitavam ou não."

Poucos meses depois, a própria superiora provincial pediu a Elizabeth que se transferisse para outra comunidade, porque sabia falar espanhol. Para ela, teria sido a quinta transferência em seis anos. Quando Elizabeth perguntou o que queriam que fizesse na comunidade para a qual queriam transferi-la, a resposta foi: "Não sabemos". Elizabeth, porém, opôs-se também desta vez: "Quem sou eu para elas? Uma pessoa feita à imagem de Deus ou um peão sobre o tabuleiro, possível de ser movido quando tem necessidade?"

O que aconteceu com ela, aconteceu também a outras: "Não faz nem dois meses, tive um diálogo com uma jovem mulher a quem foi dito que não teria sido aceita numa comunidade porque era muito independente e de personalidade forte. 'Para ti, será difícil obedecer', foi-lhe dito. Não era 'formável'... Evidentemente o modelo continua. Quer se trate do pré-Vaticano ou do pós-Vaticano, quer os velhos métodos daquelas formas que agora, geralmente, são consideradas óbvias maneiras de abuso, sejam usados ou não nos modernos programas de formação, o objetivo é sempre o mesmo: produzir religiosas conformes à autoridade".

"Em institutos que ainda têm essa mentalidade, a simples religiosa não é considerada um sujeito pessoal, mas um objeto a ser movido ao bel-prazer. Ao invés de descobrir qual seja a vontade de Deus para uma determinada irmã, que optou em base a seus dons particulares, competências e desejos, a pessoa é destinada a adaptar-se continuamente ao que lhe é indicado 'fazer', com frequência sem ter ou receber alguma experiência, formação ou conhecimento no campo." Não só: "Muitas vezes, as superioras, de qualquer nível, tomam decisões 'para' nós, não 'conosco'."

Um exemplo muito recente é que no âmbito de seu trabalho atual, fora do instituto, Elizabeth descobriu um delito daqueles previstos no *motu proprio* do papa *Vos estis lux mundi*. Elizabeth tem a obrigação de fazer uma denúncia segundo a lei. Consultou um perito no campo da tutela de menores na Igreja, mas, antes de prosseguir na denúncia, para conhecimento, comunicou à madre geral sua decisão, sem revelar outros detalhes. "Terminada a minha explicação, disse-me que eu deveria rezar e que me chamaria mais tarde. Admirei-me, porque, de maneira alguma, minha comunicação queria ser um pedido de aprovação sua, mas só um gesto de correção e transparência para evitar que viesse a saber do caso através de terceiros. Quando me chamou novamente, era para proibir-me de fazer a denúncia… Aliás, com raciocínios que são os mesmos que, nestes anos, alimentaram o sistema de coberturas na Igreja. Fiquei atordoada. Segundo ela, não posso nem tomar uma só decisão sem a aprovação de uma superiora, nem no caso em que as normas da Igreja são claras e impõem uma obrigação, sem a aprovação de ninguém."

Resumindo, uma outra prova para a consciência de Elizabeth que, mais uma vez, deve encontrar as forças para recuperar um equilíbrio psicológico e denunciar um delito, "desobedecendo" à mais alta autoridade do seu instituto.

De vez em quando, Elizabeth se comove ao falar desses fatos e recordar aqueles do passado. Ao mesmo tempo, porém, comove-se com a generosidade de Deus que, nestes anos, sempre se fez presente e lhe fez percorrer caminhos inesperados. Cada etapa foi acompanhada por pessoas dispostas a garantir uma ajuda e a tornar mais sólido o seu caráter e a sua vocação. Nesses anos, não faltaram processos de "cura das feridas psicológicas, emotivas e espirituais que sofrera" às quais ela se submeteu: um processo que ainda leva avante, para "compreender como aquilo que passei influi sobre minha maneira de pensar, de comportar-me, para tornar-me uma pessoa mais integrada e uma verdadeira cristã em todos os sentidos". E também para superar alguns "traumas". Os traumas que ela julga serem os mesmos sofridos por "pessoas mantidas em cativeiro".

"Como dizia, na minha experiência pessoal, o comportamento passado aprendido das irmãs mais antigas é aquele que, efetivamente, é replicado nas gerações mais jovens. Descobri esses aspectos também em mim mesma. Foram necessários anos, tanto para sarar quanto para mudar os comportamentos, que foram tão dolorosos, que aprendi e adotei, mas que não tinha consciência de tê-los aprendido. Não posso dizer isso de muitas das minhas coirmãs. Muitas ainda usam comportamentos abusivos que foram transmitidos de geração em geração, simplesmente, porque não têm a consciência de si e a capacidade de ver que sua atitude imita a atitude dolorosa que dizem ter sofrido. Uma religiosa de outra congregação, com a qual falei recentemente, usou a palavra 'terrorizar' para descrever como, por vezes, as religiosas se tratam umas com as outras."

Por que, então, ela e outras permaneceram? "Permaneço pelas irmãs que vêm depois de mim, porque, com as sementes que procuro semear, é possível fomentar uma mudança de mentalidade, pouco a pouco é possível mudar o sistema e, talvez, amanhã elas não deverão sofrer aquilo que eu sofri e que ainda sofro. A coisa mais importante, porém, é que creio firmemente na vida religiosa, creio no carisma da minha congregação, mesmo que a maneira pela qual ele é vivido me faça sofrer."

Aleksandra

"Evidentemente foram vocês que provocaram os padres." Foi a resposta que a superiora deu a Aleksandra, consagrada há trinta e um anos, mas que agora pediu a dispensa dos votos. A moça acabara de lhe contar os abusos sofridos do sacerdote que a acompanhava num projeto interno ao instituto.

Aquele projeto, um centro de espiritualidade para ajudar jovens mulheres que queriam aproximar-se da vida religiosa e iniciar um período de discernimento, fora criado por Aleksandra. Trabalhara dia e noite para pô-lo de pé, empregara até seus estudos passados de Psicologia, abandonados para seguir a luz da vocação.

A superiora, da mesma nacionalidade que ela, um pouco mais idosa, sempre avessa a qualquer novidade, havia aceito dar início à ideia. Mas, depois de poucas semanas, decidiu que junto a Aleksandra, fundadora e guia do centro, houvesse um sacerdote da diocese, Padre Dariusz, desde sempre muito próximo ao instituto. "Inicialmente foi uma grande ajuda, depois começou a ter atitudes estranhas, até começar a procurar minha proximidade física. Aqueles primeiros apreços tornaram-se molestos, até desembocar num autêntico abuso. Reagi logo, mas ele não parou. Não me recordo da hora, não lembro o lugar, não lembro os detalhes… Não quero fazê-lo porque quis apagar tudo. Sei apenas que, naquele dia, alguma coisa se quebrou dentro da minha alma."

Aleksandra informou logo a superiora sobre a situação. "Ficou impassível; mas, talvez, aquela pudesse ser uma impressão minha. O que me destruiu foi sua resposta: Disse-me que outras também se queixaram de problemas semelhantes e que, evidentemente, se acontecia, era porque nós, irmãs, provocávamos os sacerdotes."

Aleksandra ficou inerte por semanas, sobrecarregada de pensamentos, arrasada pelo trauma, carregando em si uma sensação de sujeira e de medo. Assim, contra a sua vontade, apresentou à superiora a desculpa para dispensá-la do encargo de guia do centro de espiritualidade. "Claramente, não estás bem, disse-me. Não estás em condições de administrar o projeto." Por isso, Aleksandra foi substituída, mas pelo Padre Dariusz. "Aquilo que fora uma ideia minha, passou, porém, para as mãos de um sacerdote estranho e molesto. Ainda sofro muitíssimo."

O abuso e o tratamento recebido logo depois foram um sinal evidente para a mulher: aquela caminhada, iniciada quando ainda era muito jovem, devia ser interrompida. Era o epílogo de uma série de "violências" que diz ter sofrido. Ela e outras coirmãs. "No meu instituto, havia uma coisa que sempre me escandalizou: aquela espécie de onipotência das superioras sobre a saúde das irmãs. Elas decidem por nós, como estamos, como deveremos estar, se há necessidade de cuidados ou não, que tipo de terapia enfrentar. Por exemplo, num ano comecei a perceber fortes dores no joelho. Queixava-me da dor, mas foi a superiora que fez meu diagnóstico, não um médico. Disse-me que dependia das costas porque trabalhava mal. Insisti, até que se convenceu a enviar-me a um especialista que, através da ecografia, percebeu um derramamento no membro. Outra vez eu mesma fui, com outra irmã, a fim de conversar para que mandasse para o pronto-socorro uma moça que tinha estranhas bolhas na pele. A madre dizia que bastava uma pomada. Nós mesmas a acompanhamos e se descobriu que era uma reação alérgica."

Estes são apenas dois casos, em centenas. "Poderia narrar muitos exemplos de que, simplesmente, não existe cuidado pela saúde física das irmãs, para não falar da psíquica. Houve quem devia submeter-se a exames de sangue e teve de pagar do próprio bolso, porque do instituto recebia-se uma soma ridícula, da qual até devíamos prestar contas. Havia quem necessitasse ir ao oftalmologista ou ao dentista e não era autorizada a fazê-lo, porque era preciso 'poupar'. Entre outras coisas, a superiora havia prestado serviço no hospital e conhecia muitos médicos, mas era sempre avessa. Para ela, tudo não passava de caprichos."

Porém, não era assim com todas: "Só com quem não lhe agradasse. Necessitando, ela frequentava os melhores especialistas e até pedia-nos para acompanhá-la. Naturalmente, tudo às custas da comunidade. Algumas irmãs, entre suas confidentes, eram levadas a médicos privados. Eu, porém, tive de fazer tudo pelo Asl".

O raciocínio valia não só para a saúde, mas também para qualquer aspecto da vida ordinária: "Desde o vestuário até a possibilidade de tomar umas férias, desde o repouso às licenças de poder sair para dar uma passeada, tudo deve passar pela decisão da mesma pessoa. Pedindo-se uma roupa mais quente, deve-se aguardar a deliberação do conselho, ou que o pedido seja rejeitado 'por motivos de pobreza'. Muitas pedem ajuda aos familiares. Por isso, torna-se ainda mais triste descobrir que o armário da superiora está repleto de roupas de lã, de casimira, adquiridas sem consultar ninguém com dinheiro da comunidade, enquanto outras mal possuem uma substituição. Assim, com os sutiãs e demais roupas íntimas…"

Aleksandra experimentou mudar as coisas, para evidenciar deformações e disparidades, mas, como em milhares de outros casos, não foi ouvida, antes punida. "Antes de um abuso físico tive de sofrer abusos de poder e de consciência. Diziam-me que eu era lamurienta, iniciaram a excluir-me. Iam fazer as compras e me deixavam em casa, como uma gata-borralheira. Se falavam e brincavam durante o recreio, eu me aproximava e elas se calavam."

Tudo isso era suportável para Aleksandra em nome daquela vocação genuína que sentia ter, transmitida também pela família muito religiosa. Dedicava qualquer sofrimento a Jesus. Pensava, continuamente, que na cruz Ele havia sofrido muito mais.

O abuso físico, porém, estimulou a mulher a abandonar tudo. Agora quer somente ir embora e o mais longe possível: "Não sei para onde, gostaria só de seguir a Jesus e assim não me é possível. Nessa situação, já não consigo viver e tenho medo de destruir a saúde física, psíquica, espiritual. Espero encontrar ajuda, talvez por parte de algum leigo, porque sei que minha congregação não há de interessar-se por mim. Como muitas vezes ouvi dizer: a culpa é sempre de quem sai".

A.

"Já transcorri muitos anos de minha vida nesta congregação, mas não sou feliz. Estou olhando para outras comunidades, mais monásticas, onde, talvez, se viva de modo diferente, mas não aceitam irmãs 'fugitivas'. Talvez tenham razão. Continuo a viver aqui, tenho medo de sair. Experimentei de muitos modos, até adoeci. Sinto-me nos limites da resistência psicológica."

A. escreve pelo único computador presente no mosteiro de um país do Leste Europeu, no qual vive há mais de dezesseis anos. Paradoxalmente, é mais fácil esconder um e-mail do que as cartas que as irmãs leem antes de serem enviadas ou antes que o destinatário as receba. A. tem medo, teme não suportar as pressões que poderia receber se descobrissem esse desabafo, mas, assim mesmo, quer narrar sua história porque pensa ser uma ajuda para quem, como ela, sente-se "aprisionada" dentro de quatro muros que já não reconhece como sua casa.

A. não sabe como sair dela, porque não sabe para onde ir, não tem dinheiro, não tem documentos, não tem uma instrução. "Tenho uma idade que já não me permite entrar no jogo, encontrar um trabalho, uma casa." Ademais, não gostaria de fazer cair essa desonra sobre sua família, que sempre estimulou sua "carreira" religiosa, identificando-a como um caminho de saída de uma condição certa de pobreza. "Para mim, é um tema muito doloroso, mas intocável."

Tendo entrado adulta para essa Ordem, depois de poucas semanas, A. percebe que ali dentro "existe muito cuidado com a ordem e a limpeza, mas pouco com as pessoas". "Deve-se trabalhar, e muito, porque sempre há necessidades e exigências." Isso poderia ir até bem num lugar habitado por uma comunidade numerosa. A. está sentida pelo fato de "a superiora sobrecarregar-nos de deveres, sem olhar que, assim, uma irmã acaba por não ter o tempo não só para o repouso, mas também para a própria vida espiritual".

"Na vida religiosa feminina o trabalho é o valor mais alto. Uma irmã 'extenuada pelo cansaço' é uma boa irmã. O que conta é a quantidade de coisas que se fazem: passar roupa, lavar, cozinhar, acompanhar alguém. O tempo para a oração pessoal é muito limitado. Segundo as constituições, deveríamos dedicar sete horas por dia à oração, mas empregamos a ela menos da metade por causa de tudo aquilo que se deve resolver. Não falamos do tempo para o relacionamento pessoal, por vezes totalmente ausente. Pode-se comparar esse sistema à ideologia dos países comunistas, onde a pessoa conta enquanto trabalha. Porém, se adoece ou não pode trabalhar, não conta nada, é posta de lado como um objeto."

A falta de humanidade é uma verdadeira ferida para a mulher: "Não se produz nenhuma ligação, nem depois de ter partilhado por anos e anos a própria quotidianidade". Além disso, "falta a estima pelas irmãs mais jovens ou apenas entradas por parte das superioras. Muitas vezes, eu como outras, chegamos a saber de coisas sobre nós mesmas (como uma transferência) por outras irmãs, antes que a superiora no-las comunicasse. Somos excluídas de tudo. Ademais, as irmãs idosas têm sempre razão; as jovens, mesmo tendo razão, é melhor que se calem. Uma vez, durante um encontro comunitário, fui a única a expressar um parecer contrário numa questão. Imediatamente, uma irmã mais idosa repreendeu-me, porque comportara-me mal e deveria ter falado 'como as outras'. É preciso sermos unânimes na comunidade, ainda que a própria consciência sugira completamente outra coisa. Como castigo, uma grande solidão".

Solidão que, na maioria das vezes, é a antecâmara da depressão: "Algumas irmãs são como as mulheres do mais radical islamismo: só podem trabalhar, obedecer e permanecer caladas. E não pretender nada. Muitas são deprimidas e têm medo de se desabafar com alguém, porque poderia relatá-lo e serem obrigadas a abandonar a congregação".

Em seu relatório, A. narra "muitas pequenas coisas" que criam "um clima intolerável". Em primeiro lugar, não ter, embora mínima, autonomia: "É normal que uma irmã, depois de mais de quinze anos de vida religiosa, ao sair de casa, não possa ter a chave e ter de esperar, muitas vezes, meia hora, mesmo sob a chuva, para que lhe abram a porta, porque as outras estão ocupadas na cozinha ou nas vésperas? O instituto não é nossa casa? É normal trabalhar gratuitamente e sem seguro? É normal que deva pedir licença até para tomar banho? É normal ser necessário dirigir-se à provincial para poder mudar uma lampadazinha da cela, que se queimou? 'Devemos examinar se, de fato, essa lâmpada deve ser mudada'... Parecem piadas, são miudezas, mas impedem qualquer respiro de vida. É isso que torna 'pobres' muitas irmãs".

Outra questão que deve ser resolvida é a absoluta falta de controle nos Capítulos Gerais. "Nossa ex-geral permaneceu no poder por 32 anos e procurou ser nomeada vitaliciamente. Entre nós, ninguém se ocupava de nada, ninguém controlava se houvessem anomalias. A Geral tem o poder de nomear as provinciais, entre as do seu 'círculo', sem respeitar a opinião das outras irmãs. As provinciais, por sua vez, escolhem as conselheiras entre suas amigas... E assim, no Capítulo, 2/3 estão na dependência da geral, permanece fora quem não compreende a língua ou tem medo de falar."

A. tem poucas esperanças: É todo um sistema que não funciona e não só em nossa Ordem. "Existe muito medo, desilusão, pouca escuta. Os problemas são subvalorizados também por quem teria funções de responsabilidade, espiritualizam-se os problemas: 'É necessária uma purificação'. Certamente, mas que utilidade terá, se, depois, o sistema continua igual?"

A. pede orações para si mesma e para as outras coirmãs. Sabe que essa situação não pode continuar por muito tempo no mosteiro, mas, no momento, continua a única *zona de conforto*. "Sei que Deus há de providenciar, mas, no momento, o que vejo sobre minha cabeça é um céu coberto."

Vera

"O teu caminho é ir mais além, para ter algo mais", disse, um dia, uma irmã idosa a Vera, quando ela, fitando-a nos olhos, confiou-lhe a decisão de abraçar a vida consagrada. "Jamais esquecerei suas palavras, a serenidade que me deixou no coração."

Italiana, crescida numa grande diocese do Norte, nascida numa família que descreve como "serena e belíssima" e que transmitiu os valores cristãos a ela e aos outros dois irmãos. Vera encontra-se e se confronta com o Evangelho "em toda a sua beleza e radicalidade. Fez-me conhecer e amar o rosto da Igreja simples, autêntica".

Logo depois de laurear-se, a moça iniciou um longo e sério período de discernimento, para avaliar aquilo que sentia como sua vocação. Por isso, entra para um instituto religioso "com a alegria e a esperança de quem sente, profundamente, que Deus a quer toda para si".

Os anos da formação são entusiasmantes: "Seriedade, abertura, total disponibilidade àquilo que Deus estava a pedir-me através de minhas superioras". O confronto com elas caracterizou-se sempre pela sinceridade e profunda estima recíproca. Vera faz muitas perguntas sobre o sentido da vida que está para escolher e sobre as perspectivas do futuro. A busca é incessante, ditada também pelo ímpeto juvenil e pela felicidade que lhe desperta aquela fraternidade, construída nas dobras do quotidiano.

Todo o período se desenvolve nos tempos canônicos estabelecidos pela Igreja: primeiro, a Profissão simples, depois, a solene. Nos muitos anos de vida comunitária, Vera estabelece relações de comunhão e amizade com várias irmãs de diferentes idades: "A experiência pastoral sempre foi para mim uma força e um motivo para prosseguir".

Todavia, a positividade dessas experiências, como também cada uma das relações, não pouparam à moça um forte dissabor. A causa principal é um estilo de vida "limitador e fechado", cuja proposta formativa revela-se, pouco a pouco, "pobre e infrutuosa, extremamente opressiva, com relações nada livres e sinceras". Por caráter e formação pessoal, Vera procura escolher a via da clareza, também ao expor problemas internos de certa relevância e delicadeza. Infelizmente, porém, debate-se repetidas vezes com uma linha de mentiras e de hipocrisia.

"Não se devia enfrentar as grandes questões e vivia-se na infrutuosa espera de que tudo pudesse passar sem ser enfrentado."

O entusiasmo se enfraquece, a vocação, lentamente, se apaga. Vera, porém, prossegue na vida comunitária, desempenha os serviços pedidos e, sobretudo, leva adiante a escola superior que, há anos já, lhe fora confiada. "Um instituto financiado com fundos públicos e, portanto, gratuito para os alunos e de nenhum agravo econômico para a própria escola. Afinal, não era a típica 'escola privada das irmãs', mas uma obra que age no contexto de 'periferia social', totalmente leiga, a ponto de, há anos, vestir-me com roupas burguesas."

Aquele sistema de fechamentos, silêncios, falsidades, de excessivo autoritarismo e, por vezes, de maldade gratuita, se antes, para Vera, representavam uma desilusão, com o correr do tempo provocam-lhe um desgaste interior. Acrescente-se a isso um excessivo encargo de trabalho. A moça percebe um *stress* pesado, que influi também sobre a saúde.

Com isso, aparecem as perguntas: É este o caminho certo a ser seguido, aquele que me levará a Deus? "Já não consegui suportar essa vida incoerente e frustrante, entrando num estado de ainda mais sério e profundo discernimento, partilhado com as superioras. Entretanto, o enorme *stress* físico e emotivo ao qual fora submetida causou-me sérios e, ai de mim, permanentes problemas de saúde, como taquicardia e dores no estômago, com duas importantes internações hospitalares. Minha superiora nunca veio visitar-me no hospital, nem uma vez. Porém, quando soube da visita de minha mãe, apressou-se a telefonar-me para recordar-me que:

'Tua verdadeira família somos nós e, logo que tiveres alta, voltarás diretamente para a comunidade, sem passar pela casa dos teus'".

Ao invés, a pausa devida à internação torna-se ocasião de reflexão para moça: "Vistas do exterior, as coisas se veem com maior lucidez". Assim que teve alta, de fato, Vera pede à madre geral um período de licença, que dura dois anos. Porém, continua o serviço na escola.

No biênio fora da comunidade, a mulher é seguida e acompanhada "afetuosa e paternalmente" pelo Cardeal João Braz de Aviz, prefeito da Congregação para os Institutos de Vida Consagrada. Segue um formal inquérito para deixar definitivamente o instituto religioso. A situação não é fácil, mas Vera não perde a coragem: não é a primeira, nem será a última irmã a abandonar o véu.

O verdadeiro drama, porém, deve ainda consumar-se. "Exatamente no dia da assinatura do indulto da Santa Sé, aconteceu aquilo que jamais teria imaginado. A assinatura desenvolveu-se num clima aparentemente sereno e conciliante, mas que escondia uma armadilha. Ao fim do encontro, já na porta, fui convidada pela já ex-superiora a ir saudar as irmãs do conselho. Aceitei ingenuamente e de bom coração. Até pensava tirar uma foto do grupo, abraçar aquelas que haviam sido minhas irmãs; mas não sabia que, ao contrário, naquela sala me esperava um 'processo'..."

Se a assinatura do indulto aconteceu em cinco minutos, ao contrário, dura mais de uma hora a censura que a superiora e as outras irmãs dirigem a Vera: "Atacaram-me violentamente, disseram-me que havia suscitado vergonha e escândalo. Enfim, chegaram ao ponto de dizer-me que eram totalmente contra a minha opção de manter o lugar de trabalho na escola. É a Igreja – repetiram-me várias vezes – que prevê que 'quem deixa o instituto deve deixar tudo, inclusive o trabalho.' Durante dois anos eu não havia respeitado essa regra e havia criado uma situação grave. Com insistência, solicitaram-me que encontrasse outro lugar de trabalho, sustentando, com firmeza, que, se permanecesse na minha posição, teria tido consequências para a minha vida pessoal, pois não teria encontrado serenidade e felicidade e, logo, teria retaliações pessoais. Antes de pedir a permissão de ausência à madre geral, havia enviado uma carta muito pessoal às irmãs do conselho, na qual partilhava minha opção de iniciar um período de discernimento e, a cada uma delas, pedia que não me abandonassem nessa caminhada. Jamais alguma delas me respondeu e nenhuma jamais se fez ouvir, a não ser no dia da assinatura do indulto na modalidade descrita".

Aquelas pressões psicológicas depois da assinatura das demissórias deixaram um sinal indelével em Vera, que chega a apresentar-se como depressão. Todavia, o que lhe "quebra" a alma e lhe provoca um sofrimento ainda hoje não superado, é descobrir o rosto mais obscuro de uma Igreja que "sempre vi como mãe acolhedora, que guarda e protege suas filhas, sobretudo, nos momentos de dificuldade e de sofrimento".

Ao contrário, suas coirmãs restituem à moça "uma visão rígida e desapiedada, que soa a vingança e ofensa pessoal. Ainda hoje não consigo ver a razão disso".

Para não permanecer amassada pelo sofrimento, Vera reage estudando e aprofundando em nível canônico essa presumida "praxe" que, quem deixa a congregação, deixa também o trabalho. Pergunta até à Congregação para os Institutos de Vida Consagrada, que lhe confirma a falta de fundamento dessa tese. Alguém lhe sugere entrar com recurso pelas vias legais, mas ela decide não querer falar demais em público: "Ainda que tenham sido muitas as irregularidades e os graves problemas que vi dentro do instituto, optei por não espalhar o que vi e senti, por respeito à família religiosa na qual vivi por muitos anos".

Ao menos até hoje, quando compreende que suas palavras e suas lembranças, talvez, possam ser uma ajuda para outras mulheres na mesma situação, Vera prossegue seu compromisso de trabalho: "Serviço que desempenho com grande dedicação e esforço; minha opção não foi ditada pela superficialidade ou pela comodidade, mas obrigada por minha consciência. Esse serviço educativo, no contexto em que vivo há quase 20 anos, é parte integrante da minha identidade pessoal, evangélica e de consagração. O que se construiu com os vários agentes é de profundo respeito, partilha do estilo educacional, alta profissionalidade para com uma das faixas mais débeis da sociedade. Para mim, não é simplesmente um trabalho, é parte da minha identidade pessoal. Minhas energias físicas, espirituais e profissionais são totalmente dedicadas a esse compromisso e sinto, na profundeza do coração, que é isso que Deus me está pedindo".

Embora leiga, Vera continua a viver como uma consagrada, porque, afinal e apesar de tudo, aquela chama se enfraqueceu, mas jamais se apagou. "Há alguns anos vivo sozinha num pequeno apartamento, mantendo um estilo de vida sóbrio e casto, colocando no centro dos meus dias a Palavra de Deus e a oração feita de momentos pessoais, de momentos de partilha e de participação na Eucaristia, junto com o serviço aos irmãos que Deus põe no meu caminho."

Nesses anos de busca, a mulher conheceu uma Ordem que lhe serviria: "Ter-me-ia permitido manter uma vida independente. Teria podido sentir-me parte de uma fraternidade e, sobretudo, ter ainda um lugar na Igreja". Também ali, porém, acontece o inexplicável: "Iniciei a caminhada formativa nessa Ordem. Com os anos, nasceram belíssimas relações de partilha com muitas irmãs e também pareceu-me reler na vida de cada uma de nós as páginas do Evangelho que têm sabor de verdade e simplicidade. Inesperadamente, durante o colóquio anual com o sacerdote delegado do bispo para confirmar a continuação do período, recebi friamente a comunicação que não poderia prosseguir na caminhada. O motivo? Sempre o mesmo: ter optado por manter meu serviço de trabalho no instituto precedente. Pedindo a razão da motivação, o delegado me respondeu: 'Quem deixa o instituto deve deixar tudo, inclusive o trabalho'. Quem parou meu ingresso foi o bispo, informado e convencido pela superiora a não me permitir prosseguir na caminhada".

"Não deixo de me perguntar por qual motivo essa superiora continua a ferir-me profundamente com suas pressões psicológicas, com seu abuso de poder, e pode continuar a interferir nas minhas opções pessoais, impedindo-me de encontrar outro lugar na Igreja. Pergunto-me, também, como um bispo pode decidir sobre mim sem, ao menos, encontrar-se comigo e ouvir-me. Sinto-me profundamente humilhada, esmagada pela maldade e triste na profundeza da alma. Como crer ainda na Igreja comunhão que conheci desde menina e na experiência de amor recíproco que cada dia procuro viver? Por que parece mesmo que na Igreja não existe lugar para mim? Não quero crer que a maldade e o desejo de vingança fechem para mim e para outras mulheres o caminho que Deus abriu e preparou. Quero continuar a crer na Igreja que é mãe acolhedora e sábia, uma Igreja que não se perde em banalidades, burocracias e jogos de poder. Uma Igreja capaz de 'ir mais além e para algo mais'. Um 'mais' de humanidade, verdade, autenticidade."

Maria Helena

Que algo não ia bem no instituto religioso para o qual entrara com pouco mais de vinte anos, Maria Helena o tinha percebido pelas conversas de algumas coirmãs mais idosas à mesa ou fora, no recreio. "Palavras profundamente machistas saídas da boca de irmãs das mais diversas idades. Um dia apareceu um caso de crônica de uma moça de 15 anos violentada por um homem de 50 num ônibus. 'Lógico, se anda vestida daquele modo é normal que lhe aconteça', comentaram; 'o homem não consegue resistir'. Fiquei perturbada, como também por diversas conversas quase de saudades do fascismo."

Maria Helena ainda não havia completado 25 anos quando, depois de uma caminhada de busca vocacional durante quase dois anos, decidiu entrar para um instituto religioso do norte da Itália. O mesmo da religiosa que havia acompanhado sua caminhada. Permaneceu ali por cinco anos, mas depois decidiu mudar de vida.

"Recordo que naquele período desabrochou em mim um vivo e autêntico desejo de seguir o Senhor, que se fortificou sempre mais. O chamado que sentia no coração havia posto em mim um grande desejo de doar-me a Deus e ao próximo. A generosidade que carregava em mim, porém, era contrabalançada por uma certa dose de ingenuidade, e também por uma confiança pouco prudente no próximo, unida ao preconceito, neste caso positivo, que as irmãs que eu conhecia estivessem realmente em condição de guiar-me para o Senhor."

Maria Helena partia de uma condição de fragilidade psicológica devido à baixa autoestima que sempre a caracterizou desde a adolescência. Essa fraqueza deu azo a diversas formas de manipulação fora do instituto: "Primeiramente eram formas sutis, pequenas e veladas, depois tornaram-se claros abusos de poder, unidos ao desprezo explícito e implícito para com a humanidade das pessoas e, portanto, também da minha".

No primeiro ano de postulantado, o período inicial em que uma jovem começa a ver e compreender como passar a vida num instituto religioso, iniciaram as primeiras formas de pressão, prosseguidas depois, nos anos seguintes, até chegar a "um ponto sem retorno". O ponto que depois estimulou Maria Helena a fechar atrás das costas a porta do instituto.

"Depois de postulantes, somos como que 'lançadas' na realidade da comunidade. Realidade feita por uma contínua observação de qualquer mínimo detalhe da vida quotidiana. As qualidades eram diminuídas ou caladas; os limites, imediatamente, considerados como a parte preponderante da pessoa. A própria opinião pessoal, fruto da inteligência, que é dom de Deus, é considerada quase um mal e, com frequência, subvalorizada, porque ainda sinal de uma mentalidade 'do mundo'. Naturalmente, refiro-me a opiniões expressas em perfeita linha com a Igreja Católica e sua doutrina, que entram no bom-senso e na boa educação, mas simplesmente diversas... Somos julgadas também nos aspectos 'neutros' da própria personalidade ou do próprio corpo, da própria pertença a uma região geográfica, dos próprios gostos alimentares, se preferimos a massa ou o arroz. É um lento e extenuante trabalho de desconstrução da pessoa."

A moça, já tímida e introvertida, habituada a uma família serena, onde os litígios eram raros, volta para seu quarto com um nó na garganta logo na primeira vez que é repreendida porque, depois de ter preparado um prato, o havia olhado "com demasiado prazer". E sentiu que era sufocada no período em que escreveu para uma revista da paróquia local: "Em cada tarefa que realizávamos éramos finamente observadas para ver se éramos obedientes à autoridade que estava acima de nós. Era exigida uma atitude servil em relação às outras irmãs, porque somos jovens, em formação e, portanto, é necessário sermos educadas à obediência e à humildade, anulando a faculdade decisória da pessoa".

"Uma vez, aconteceu que uma irmã da comunidade, que usava de maneiras bruscas comigo e com as outras, disse-me diante da superiora: 'Tenho vontade de um ovo…' Imediatamente a superiora replicou: 'O que estás esperando, não ouviste?' Interrompi minha refeição e fui prepará-lo. São tolices, mas, comigo usaram esse tom por todos os anos nos quais vivemos juntas. Aliás, foi exatamente essa irmã que me guiou nas primeiras semanas de ingresso no instituto. Durante a convivência mudou, totalmente, de atitude."

Quanto mais vai adiante, tanto mais Maria Helena sente-se humilhada, diminuída, certamente não "formada" para emitir os votos. Além disso, fica escandalizada ao observar certos ciúmes e invejas em relação às coirmãs, talvez, de aspecto mais bonito, ou talentosas no canto, na arte de escrever, na cozinha. "Diziam que o rígido controle, as relações humanas quase zeradas, as repreensões pelas próprias faltas, serviam para abaixar o orgulho e para sacrificar-nos. A mim somente criaram um grande vazio interior."

Maria Helena pede ajuda psicológica. É confiada a uma irmã externa à sua congregação, que a submete a um colóquio: "Terminado o colóquio, mandou a madre entrar na sala e me fez sair, porque devia referir-lhe o que eu havia dito". Pede para mudar de terapeuta, apresentam-na a outra religiosa psicóloga: "Porém, também ela me pede para contar os meus problemas mais graves à mestra das noviças e, depois, à madre geral. 'Como ajuda', disse-me. Como profissional, creio que nem deveria pedir-me isso".

Porém, sempre mais instável emotivamente, Maria Helena aceita, mas dá-se conta demasiado tarde que também aquelas sessões semanais a levavam a uma "gradual destruição e manipulação interior". "Somente agora tenho a lucidez de compreender quanto essas formas de violência, embora veladas, tenham deixado marcas em mim."

Apesar de tudo, Maria Helena termina o noviciado. "Terminados aqueles quatro anos, eu estava já quase completamente esgotada: demonizada nos meus dons e amplificada nos menores defeitos, emiti os primeiros votos e fui transferida para outra comunidade, onde se dormia muito pouco, o alimento não era adequado e o horário de trabalho era totalmente despedaçado, sem o mínimo de ordem e organização, que acabei por exaurir-me completamente. Para manter de pé as atividades, nem se rezava mais, porque, dizia-se, 'somos irmãs de vida ativa'".

Naqueles anos, Maria Helena teve muitos colóquios com a madre geral, jovem, menos de cinquenta anos, a metade dos quais transcorridos como missionária na África. "Eu pensava que, dada a pouca idade e a experiência, tivesse outra mentalidade. Entretanto, demonstrava-me um desprezo evidente; para ela, eu era demasiado lenta, pouco viva, causava-lhe um incômodo quase epidérmico, que nem se esforçava por esconder. Se eu ousasse não compreender uma coisa, por causa também do forte estado de submissão em que vivia, tratava-me com extrema dureza e agressividade."

Pior ainda a mestra das junioristas, a quem Maria Helena e outra noviça foram confiadas como casos em risco. "Era forçada a assumir aquela tarefa e a desempenhava sem vontade alguma. Ocupava-se da *lectio divina*, encargo que preferia, e quando a ouvia ao telefone, a cada dois meses, para pedir-lhe um encontro, fazia-me pesar a coisa, afirmando que eu era muito pouco autônoma e me advertia que ela tinha coisas mais importantes a fazer. Nem eu nem a outra irmã encontramos grande ajuda nela."

Enquanto isso, Maria Helena emagrece a olhos vistos, chegando a perder quase onze quilos. "Eu era a sombra de mim mesma, débil e deprimida." Como em todos os institutos religiosos, era seguida por um padre espiritual que, até aquele momento, a sustentara. "Num período em que o esgotamento físico, psíquico e emotivo estava quase ao extremo, a madre geral telefonou-me para pedir-me o telefone do padre. Dei-lho, pedindo, porém, o motivo. Respondeu que as gerais fazem assim. A madre foi falar com o sacerdote e daquele momento em diante a atitude dele, em relação a mim, mudou completamente. Mais frio, desligado, quase rejeitador."

Para Maria Helena é a enésima desilusão. Um dia depois, voltando do jardim, ouve a superiora a falar mal dela com outra coirmã: "Não sabiam que as estivesse ouvindo. Criticava-me por tudo aquilo que fazia ou não estava em condições de fazer. Não nego que, em alguns pontos, até tinha razão: estava subjugada e fraca do ponto de vista físico, tinha sempre menos forças para trabalhar, por isso, limitava-me a fazer o mínimo, mas só para não faltar aos meus compromissos e não me sentir desmedidamente em falta com a congregação. Em consciência, sei que não estaria em condições de fazer mais".

Maria Helena reza continuamente na capela, no seu quarto, enquanto desempenha os trabalhos. "Ajudou-me a chegar à consciência de que o Senhor não desejava que eu vivesse assim." Então, pega papel e caneta e escreve uma carta à superiora para pedir-lhe que pudesse abandonar a congregação. "E foi o último ato realizado com as poucas forças que me restavam. A madre fez de tudo para impedir-me de fazê-lo e para retardar a prática. Acusou-me de não me ter suficientemente 'imolado' ao Senhor; diante de todo o conselho das irmãs leu minha carta, destacando que eu estava indo contra a vontade divina que, naquele momento, ela encarnava para mim, e também contra o fundador do instituto. A mestra das junioristas, por sua vez, quando tomou consciência da minha intenção de sair, disse que eu era uma covarde, que tinha ataques de pânico e que não estava dando testemunho às irmãs da comunidade."

Todavia, para Maria Helena, a decisão é irrevogável. Abandona o véu e volta "ao mundo", como se costumava dizer no instituto. O impacto, porém, é traumático: "Não tinha um euro no bolso, sem trabalho nem a capacidade de assumir um, porque não tinha nenhuma experiência profissional, mesmo tendo quase trinta anos".

As irmãs dizem-lhe que sua vida fora era problema seu e que a haviam ajudado até demais.

Inicialmente, amedrontada por ser julgada, Maria Helena decide bater à porta de sua família, até aquele momento desconhecedora de qualquer coisa: "Ajudaram-me de todos os modos pelos quais era possível ajudar-me". A jovem entrega-se também a cuidados médicos; em particular, a um especialista, amigo da família, que cuida dela "com muita discrição: prescreveu-me uma dose mínima de antidepressivos, que tomei por alguns anos".

Depois daquela saída, que a moça considera "bendita", passaram quatro anos: "Sinto que, pouco a pouco, a minha vida se reconstruiu, consigo olhar para aqueles cinco anos com maior lucidez e também a dar-me conta do maior erro que cometi: permiti que me maltratassem, sem jamais defender-me".

Contra qualquer perspectiva, a vocação jamais se apagou: "Antes, estou aprofundando-a ainda mais do que quando tinha 23 anos. No momento, sigo uma caminhada de discernimento para encontrar um modo de vivê-la, no serviço a Deus e ao próximo. O Senhor nunca me abandonou e sei que jamais o fará. No futuro, espero poder desempenhar um serviço de ajuda às moças que desejam aproximar-se da vida consagrada. Gostaria de acompanhá-las e aconselhá-las, pô-las de sobreaviso contra as maneiras falsas de arranjar as noviças, as mensagens de WhatsApp de pedir 'entras ou não?' Sobretudo, gostaria de dizer-lhes que se afastem dos lugares nos quais são diminuídas, humilhadas, não reconhecidas como pessoas. Os carismas que o Espírito Santo deu à Igreja são múltiplos e, certamente, existe um lugar certo para cada um".

Lucy

Lucy parecia levada para o canto, para o teatro ou para a corrida em nível competitivo. A moça, porém, última filha de uma família numerosa e religiosa num país da Ásia Meridional, de maioria cristã, optou por entrar num convento. A "faísca", como a descreve, explodiu num retiro de Quaresma, organizado por sua escola católica para todos os alunos. "Surgiu-me, pela primeira vez, o desejo de viver para o Senhor, mas era algo muito vago, que se apagou rapidamente e continuei com os estudos na universidade."

Os pais, como para os outros filhos, queriam que Lucy terminasse os estudos com um título profissional que lhe garantisse a autonomia. "Principalmente por essa razão, mas também pela minha jovem idade e, talvez, também por outros interesses que notavam em mim, viam-me pouco inclinada à vida do convento e eram contrários à minha opção, especialmente meu pai."

Durante o verão, um encontro casual com um grupo de irmãs reacendeu na jovem a velha chama. A ideia que lhe brilha na mente é de transcorrer um breve período com as religiosas dessa congregação, de fundação italiana, interrompendo os estudos universitários e partindo para chegar à casa-mãe na Itália e prosseguir a formação. Lucy faz isso, deixa sua pátria, sua família e parte.

"Eram belos os momentos de oração juntas, a vida do grupo com outras moças muito vivas, o serviço que prestavam aos pobres da vila. Tudo isso convenceu-me a prosseguir na caminhada. Isso significava também deixar minha terra para vir para a Itália a fim de continuar a formação, porque as irmãs não tinham uma casa de noviciado. A generosidade dos inícios e um forte estímulo para frente que percebia naqueles anos deram-me a força necessária para tomar essa decisão. Sonhava terminar a formação para voltar ao meu país, mas, desde então, permaneci na Itália."

Em Lucy, o entusiasmo inicial transforma-se rapidamente em perplexidade e de perplexidade em raiva. Uma raiva que ainda persiste: "Ainda hoje pergunto-me por que por cerca de vinte anos permaneci na vida religiosa. Éramos um grupo numeroso de moças, todas estrangeiras. Naquele período, a congregação tinha uma atividade muito rentável sem ajuda alguma de pessoas externas e nós passávamos dias inteiros no trabalho de limpeza. O ambiente onde estávamos era muito frio e, por vezes, faltava-nos o necessário até para vestir-nos.

Mas não era só isso que fazia Lucy sofrer. A moça sentia-se ferida pelo modo como ela e as outras jovens aspirantes, irmãs estrangeiras, eram tratadas pela formadora. "Uma grande trabalhadora, mas uma pessoa de mente pequena e de estreitezas de visão. Para ela, o valor de pobreza tornava-se avareza em relação a nós: não tínhamos licença de lavar-nos e mudar de roupa senão uma vez por semana. Em caso de punição, era-nos negada a permissão de entrar na capela, ou éramos obrigadas a ficar fora, ao frio do jardim depois da janta, para refletir sobre o motivo pelo qual não havíamos compreendido bem as notícias do telejornal italiano que acompanhava a janta."

Nenhuma sensibilidade por parte dessa mulher que, ao contrário, comovia-se até aos soluços durante filmes e telefilmes que gostava de ver até tarde da noite. "Eram sua paixão; espantávamo-nos vê-la chorar, com frequência, diante da TV, quando em relação a nós parecia não conseguir demonstrar sentimento algum. Para ela, vínhamos do Terceiro Mundo e não podíamos ter capacidade de raciocínio. Nossas maneiras, nossos gostos e também nossos sofrimentos não encontravam nenhuma possibilidade de escuta."

Todavia, em Lucy, as dificuldades não prejudicam a vocação à vida consagrada. Seu sonho é terminar o período de noviciado e retornar para seu país com aquelas irmãs que tanto a haviam inflamado com seu serviço e que lhe demonstraram afeto. "Mas, infelizmente, não aconteceu assim."

Depois da Profissão dos votos, a Lucy foi pedido que permanecesse na Itália e prosseguisse os estudos.

Gradualmente, iniciou-se uma mudança de rota na caminhada da jovem, devido, sobretudo, à aproximação da formadora, Madre Paola, muito mais flexível em relação à predecessora. "Demonstrava estima e afeto em relação a mim. Eu era boa no estudo, viva e simples nos modos. Olhando para trás, dou-me conta de que, depois dos indizíveis sofrimentos dos primeiros anos, tinha uma grande necessidade de ser reconhecida e a esse desejo correspondiam muito bem os apreços da nova formadora."

Lucy abriu-se com ela a ponto de revelar-lhe também os aspectos mais frágeis de sua história, de sua alma. Terminado o período de estudo, a jovem é "promovida" para conseguir um título profissional. Descobre que entrou em grande sintonia com Madre Paola, então também conselheira para um segundo mandato. Durante o período de estudos de Lucy, a religiosa é eleita também superiora geral por dois mandatos. No total, Madre Paola permanece na direção da congregação por doze anos e, em virtude de seu papel proeminente, confia a Lucy encargos de prestígio no seio do instituto, como membro de seu conselho.

É exatamente naquele período que Lucy começa a compreender que a flexibilidade, a generosidade e a simpatia demonstradas pela madre eram, na realidade, hábeis maneiras de manipular quem estivesse ao seu redor. "Tendia sempre mais a concentrar tudo: no instituto nada acontecia que não fosse decidido por ela. Não era possível expressar abertamente ou também privadamente pareceres contrários ao seu; em tal caso, reagia com o silêncio e o retiro, ignorando as pessoas e seus pedidos, ou propositadamente calando-se diante da necessidade de tomar decisões urgentes."

Lucy procura mudar alguma coisa, mas é logo contida. "Para mim, foi doloroso descobrir as oscilações repentinas e chantageadoras de seu caráter: o que lhe havia confiado, sobretudo em assunto de foro interno, era contado a qualquer uma às minhas costas, porque, naquele momento, já não estava nas suas graças. E, mais grave ainda, comunicava essas coisas a pessoas que eu seguia na formação. Tudo para me desacreditar."

A superiora utilizava maneiras hábeis e irresponsáveis para dobrar ou ignorar as pessoas. Em seus doze anos de governo, a congregação havia iniciado uma corrida para o precipício: não só a falta de vocações, problema comum em diversos institutos religiosos, mas também uma administração da casa como se fosse a moradia dos próprios familiares, mantidos por anos pela congregação, com as irmãs enfermeiras ordenadas para sua assistência e parentes assumidos para desempenhar encargos para os quais não tinham competência alguma.

Tudo isso era acompanhado por uma administração econômica sem escrúpulos, levada em cumplicidade com sua ecônoma, expulsando totalmente o Conselho. "Tínhamos tentado mostrar os problemas, mas isso parecia não lhe importar muito. Com a Ecônoma, gastava o dinheiro da congregação como se fosse herança pessoal. Alguns móveis antigos e coisas preciosas das casas que estavam fechando eram doados a familiares e amigos. O Conselho era informado somente depois do fato consumado".

O instituto vai empobrecendo "sob todos os aspectos": dividido internamente, muitas irmãs da congregação pedem a mudança de governo depois de um decênio de Madre Paola. A habilidade da mulher, porém, leva-a a fazer-se reeleger para mais um terceiro mandato. Por dezoito anos, portanto, permanece superiora geral.

"Tudo isso provocou em mim uma crise profunda. Como conselheira, sentia-me obrigada a ser leal em relação à superiora de modo algum teria a coragem de abrir-me com outras coirmãs, sobretudo não queria externar meus dilemas interiores com as moças mais jovens na caminhada, para as quais eu era formadora. Elas me viam como uma fiel colaboradora de Madre Paola, que me havia permitido estudar. Nem tinha coragem de pôr em discussão minha consagração, mas, verdadeiramente, não encontrava sentido algum para a situação no seio da congregação. Em mais de uma ocasião, dirigi-me a meu padre espiritual de então, disse-lhe que queria renunciar ao cargo de conselheira geral, para poder ter a oportunidade de comunicar ao Dicastério para a Vida Consagrada o que estava acontecendo. Ele sempre me desestimulou, exortando-me a ter paciência, dizendo-me que as coisas mudariam logo."

Enquanto isso, Madre Paola procura acalmar Lucy: "Numa ocasião, levou-me para fora, para um passeio e me propôs tomar seu lugar, contanto que ela permanecesse a vigária e continuasse a viver na Cúria. Disse-me que estava em perfeitas condições de realizar esse plano durante o Capítulo Geral. Por minha sorte, exatamente naquele período pude fazer uma peregrinação a um dos mais célebres santuários marianos da Europa e recebi uma grande graça, que me deu a força de não me prestar para esses jogos. Uma graça que, como qualquer graça, tinha um preço a ser pago". Coisa que, de fato, aconteceu depois do Capítulo Geral.

Não podendo mais contar com Lucy, nos meses que precederam ao Capítulo, Madre Paola administrou autonomamente a eleição das delegadas ao Capítulo, facilitando assim a designação da superiora geral e de todo o governo do instituto, garantindo para si o papel de vigária. Muitas irmãs sabiam dos nomes muito antes que o Capítulo iniciasse. Para Lucy, restava a única opção de falar de coração aberto sobre tudo o que tinha visto e sabido com o membro da congregação vaticana que teria presidido o Capítulo. "Perguntei-lhe como se poderia dar conhecimento à Congregação para a Vida

Consagrada de uma tal situação; respondeu-me que não tinha condições de ajudar-me, que, no Capítulo, eu não podia dizer nada do que sabia, porque era vinculado ao segredo de ofício e, diante de minhas perplexidades de consciência, aconselhou-me a ir para outro lugar. Consultando, a seguir, um conhecido canonista, descobri, ao invés, que não só podia, mas devia falar no seio do Capítulo, e assim fiz. Infelizmente, porém, tudo prosseguiu como já estava estabelecido: quem tinha um parecer diferente preferiu se calar, por medo ou para viver tranquilo."

Nesse ponto, para Lucy, tornou-se evidente que não podia mais continuar a vida no seio do instituto: "Pensava que ali procurassem juntas a vontade de Deus; ao invés, o que há anos se procurava era somente a vontade da madre. E essa situação só podia piorar, já que a nova superiora geral, querida pela Madre Paola, era uma pessoa muito frágil e sem competência, totalmente submissa à nova vigária. De fato, no espaço de pouco mais de um ano, caiu e voltou para seu país, apresentando a renúncia".

Nos meses seguintes, a consciência atormentou Lucy, a ponto de pedir a exclaustração. Menos de um ano depois, encontrou alojamento num mosteiro que, gratuitamente, lhe ofereceu hospitalidade; antes, porém, teve de sofrer outros episódios desagradáveis dentro da congregação: não pôde comunicar às irmãs da comunidade da qual era responsável a decisão de ir embora; em vez de um ano de permanência, foram-lhe concedidos somente seis meses, até com a recomendação de encontrar um trabalho para manter-se; foi-lhe proibido qualquer tipo de comunicação com as outras irmãs do instituto, com exceção da superiora.

"Sobretudo este último aspecto provocou-me particular sofrimento e sentimento de humilhação, mesmo porque, apresentando o meu pedido, solicitei explicitamente para ficar em comunhão com as irmãs neste momento difícil."

Mas, não. Depois de doze anos como conselheira e outros tantos como formadora e responsável por uma comunidade, a Lucy ninguém pediu os motivos dessa decisão. Não só: sobre a moça caíram muitas das calúnias que Madre Paola, atual vigária, havia publicado por sua conta. "Chegou até a dar a conhecer às formandas os relatórios que eu, como formadora, havia escrito sobre elas, distorcendo alguns detalhes para pôr-me em má situação diante delas." Uma clara violação do foro interno.

O tratamento doloroso confirmou a irmã na sua decisão. Depois de seis meses, fechou atrás de si a porta daquele instituto que a havia visto entrar como entusiasmada jovem noviça. A carta de demissão, como também a de exclaustração, trazia a seguinte motivação: "Graves motivos de consciência". No entanto, ninguém lhe pediu algum esclarecimento a respeito. Muito menos, embora consciente da saúde delicada da moça, alguém se interessou por seu bem-estar, uma vez saída. "A meu pedido, recebi o decreto de demissão por correio registrado, sem algum contato direto com as superioras do instituto. Causava-me dor muito pesada ser rapidamente liquidada desse modo, depois de uma vida transcorrida com elas."

Além disso, a congregação sabia que no momento da exclaustração a mulher sofria de sérios problemas de saúde nos ossos: "Mas nada fez para me ajudar. Sei que em outras congregações as coisas foram diferentes, ajudaram a encontrar uma moradia e um trabalho para a pessoa saída. Mas não se pode deixar um problema tão grave à boa vontade da superiora da vez".

Agora, Lucy teve a possibilidade de manter a consagração, mas de vivê-la de outra forma: não faltam, porém, os problemas para encontrar uma nova colocação do ponto de vista ocupacional e habitacional. "Tenho uma idade para qual é difícil reinventar uma vida. Devo pagar um aluguel salgado, trabalhar para ganhar pouquíssimo, não ter mais um lugar onde rezar."

E mais, Lucy não consegue definir-se como uma mulher livre; dentro dela pesa o fardo dos abusos de consciência e de poder sofridos. Por isso, pede uma "necessária reforma do Direito Canônico sobre a saída de um membro de um instituto, porque a ausência de tutelas pode obrigar muitas pessoas a permanecer num lugar que não sentem mais como lugar de busca da vontade de Deus. Em outras palavras, só não saem porque não têm um lugar para onde ir. Isso leva a acentuar mais a crise de identidade pessoal e das congregações nas quais se encontram. É verdade que o Direito prescreve não receber compensações pelo trabalho realizado durante os anos de pertença à Ordem, mas é muito cômodo liquidar a coisa sem algum passo de justiça e caridade".

Contudo, enquanto Lucy luta quotidianamente para levar uma vida o mais "normal" possível, sua ex-congregação acabou como subcomissariato por parte da Santa Sé.

Magdalene

Ir para a cama logo depois da janta, levantar-se antes do amanhecer, fazer as necessidades num balde, cortar as unhas com um velho formão, cortar os cabelos a um centímetro ou almoçar só um pedaço de pão. Essas dificuldades e sacrifícios não perturbam Magdalene, apenas entrada, com pouco mais de 19 anos, num mosteiro de uma histórica Ordem monástica, no sul da França. Corria o ano de 2005 e a moça, até alguns meses antes estudante de medicina, realizava um desejo acalentado desde a adolescência: "Ser plenamente configurada ao desejo de Deus".

Na época, Magdalene deixava os estudos de medicina e uma família numerosa e unida, que a tinha habituado a uma vida camponesa, feita de colheita nos campos, jogos no prado, cuidado dos animais e orações antes das refeições. Pais, irmãos e irmãs haviam acolhido com simpatia a aspiração da moça, que sempre se demonstrara muito mais interessada em "coisas espirituais" do que nas atividades das outras coetâneas, como viagens e saídas à noite. Tios e primos que frequentavam sua família, ao invés disso, zombavam dela sistematicamente e, em mais de uma ocasião, humilharam-na publicamente. Magdalente, porém, seguiu seu caminho.

Enquanto ainda estudava medicina, realizou uma viagem à Índia, onde entrou em contato com as Missionárias da Caridade, as irmãs de Madre Teresa de Calcutá. Magdalene sentia vontade de vestir aquele hábito branco de faixas azuis, de também ela querer se lançar por terra para dar de comer a uma criança desnutrida ou enfaixar as feridas de um doente. Estava pronta a mudar de vida, mas uma série de acontecimentos, ao contrário, levaram-na ao sul de seu país, a poucos quilômetros de sua casa de campo, para aquele mosteiro por onde passava de bicicleta para saudar as "irmãs" que a chamavam pelo nome.

"Quando entrei estava muito feliz. Foi uma verdadeira felicidade, interior e exterior, por isso, todas as regras pareciam-me simples de serem seguidas, assim como todos os costumes, que assumi com entusiasmo. No início, tudo foi fácil, também ter de fazer xixi de noite num balde da cela ou ter de cortar meu cabelo quase a zero. Fazia os serviços que me eram pedidos e rezava muitíssimo; tudo saía de modo muito natural da minha alma. Era como se tivesse, finalmente, encontrado o lugar para completar minha existência. Deus era tudo e eu o sentia mais perto. Aquilo que havia aprendido sobre Nossa Senhora, sobre os anjos e os santos na capelania do liceu ou durante os campos de verão da diocese parecia-me mais real. Tudo era concreto, ocupava minha inteligência, minha memória e minha imaginação. Tudo estava em ordem."

Fortalecida por essas certezas, Magdalene iniciou o noviciado. "Estava pronta a comprometer-me para sempre. Uma jovem noviça me disse sorrindo: 'Dás-te conta? Aqui morreremos juntas'." Todavia, foi exatamente no meio desse crescimento espiritual que apareceram dificuldades para a moça. A primeira delas, a superiora do convento, Irmã Françoise: cinquenta anos mais velha do que Magdalene, num primeiro momento acolheu com simpatia e fervor a jovem e seu "novo nascimento", respondendo às suas perguntas e auxiliando sua "sede de conhecimento".

Daqueles diálogos cotidianos, porém, Magdalene saía sempre insatisfeita: "Queria saber, conhecer, compreender sempre mais. Não podia imaginar quanto minha alma estivesse sedenta dessas verdades de fé, de maneira muito existencial. Havia visto muitas coisas na universidade e vinha de um mundo muito diferente do seu, também nas relações entre moças e rapazes, e tinha necessidade de razões para esclarecer a falta de fé nos elementos mais simples da vida diária, em relação a esta luz presente. Ela me respondia de maneira autorreferencial, trazendo-me, sobretudo, sua experiência, bem distante do meu presente. Com o correr do tempo, se, no início, esses colóquios satisfaziam minha sede, logo se tornaram insuficientes. E também cansativos. A própria superiora, sentindo-se levada por um dom de Deus, que já não dominava, isto é, por uma psicologia que lhe era estranha, tornou-se totalmente invasora. Confundiu-me ainda mais. Procurava uma guia e, no entanto, entrou na minha história, na minha vida de oração, quase assumindo a posição do próprio Deus. Teria podido deixar-me crescer sem interferir; às vezes é como se tivesse sentido que minha consciência fora violentada".

As coisas se complicaram quando, por várias vezes, Magdalene expressou à sua superiora o seu desejo, antes, sua "necessidade" de estudar. "Disseram-me não, porque estava no primeiro ano de formação, funcionava assim, era normal, iniciaria no fim do segundo ano e assim por diante. Não podia permanecer assim, no simples silêncio cotidiano a limpar o soalho e a cozinha; tinha necessidade de alimento para minha mente, talvez os estudos de teologia ou, de alguma forma, de alguma coisa que fosse além da leitura da introdução ao breviário para a liturgia, do catecismo ou das obras das santas. A noviças não têm nenhum tipo de formação."

Assim, Magdalene pediu para entrar num mosteiro da mesma Ordem, na Alemanha, do qual era conhecida a sólida tradição intelectual, na esperança que lhe oferecesse maiores estímulos. "No fim das contas, pedia simplesmente para ter acesso à teologia dogmática, à teologia espiritual ou sacramental, à teologia das religiões, e ao ecumenismo, à história da Igreja, à filosofia. Na época, nem sabia da existência de todas essas ciências. Assim como me sentia ignorante quando algum sacerdote de passagem vinha dar-nos uma ou duas horas de aula por semana e citava autores como De Lubac, Garrigou Lagrange, Chenu, Teillard de Chardin, Rahner. Porque para os seminaristas, desde o início de sua formação, é absolutamente natural e necessário frequentar cursos do gênero ou ter acesso a tais bibliografias e obras importantes, e para nós, irmãs, não?"

Porém, com uma série de desculpas, foi negada a transferência a Magdalene. Da mesma forma que lhe foram negadas as aulas particulares que pediu. Permaneceu no lugar, mas sente-se até culpada por não ter expresso todas as queixas que lhe passavam pela mente. Logo percebe, porém, que dentro do mosteiro não é a única a sentir-se insatisfeita com a situação geral. "Pairava um ar de tensão e rebelião entre aquelas quatro paredes." Ela guardava dúvidas e problemas para si, mas outras pareciam não querer viver a fundo a regra da Ordem, que impõe, sobretudo, o silêncio.

"O silêncio é a regra e as noviças falam só com outras noviças. Nunca com as irmãs professas, excetuado um dia por ano para as licenças. Essas irmãs, ao invés, prefeririam falar entre si (às vezes, via-as nos corredores) ou também desobedecer às decisões nos ensaios de canto ou na recreação."

No meio dessas tensões estavam sempre três irmãs: Irmã Florence, Irmã Gabriel e Irmã Marie Claude, que se mostravam rebeldes às indicações da superiora. A esta última, Magdalene dirigia a máxima estima: "Como minha única interlocutora, reforçava em mim a ideia de ser feliz ao ser formada por uma superiora como ela a fim de amar muito as minhas constituições que, todavia, estava longe de conhecer. Cumprimentava-me por não ser uma daquelas irmãs 'rebeldes'".

É nesse biênio do noviciado, quando as irmãs aspirantes estão totalmente em jejum de uma verdadeira formação sobre a vida religiosa e os votos, que acontece aquilo que Magdalene chama de "uma manipulação".

"Eu nem conseguia perceber a origem de uma rebelião, visto que me encontrava num lugar onde, para mim, tudo era bom e perfeito, excetuadas aquelas profundas lacunas nos estudos. Não tinha nenhum relacionamento com as professas, não tinha acesso ao seu passado, muito menos tinha algum tipo de experiência, tanto religiosa quanto humana, portanto, não podia imaginar o que as levava àquela atitude. Pensava que fosse uma falta de obediência à regra que as tornava tão 'desviadas'. E isso é o que me fazia crer na superiora. Então, para distinguir-me, aplicava-me a observar a regra de maneira sempre mais precisa e meticulosa: meu silêncio era levado ao extremo, já não falava, nem nos intervalos. Com meu exemplo, esperava converter as outras irmãs."

"Expus essas dificuldades também à minha superiora. E lhe disse ter percebido que essas tensões levavam sempre à mestra das noviças. Ainda recordo sua resposta: 'A tua mestra é uma santa, e basta. O padre espiritual também disse isto: Vereis, ela será santa.'" Depois daquele colóquio, Magdalene percebe que algo muda no relacionamento com a superiora: é mais fria, distante, ouve-a com ar interrogativo.

O relacionamento fica comprometido. E, para Magdalene, tudo começa a cair. Aquele mosteiro não é tão perfeito como imaginava, entre as irmãs há feridas jamais cicatrizadas, a comunhão é inexistente e as superioras erguem muros de defesa. Além disso, fica escandalizada pelo fato de, na maioria dos casos, as irmãs não chegarem a saber de seus problemas de saúde ou não lhes serem garantidos os cuidados adequados.

Ela, certa de sua vocação, decide realizar um gesto forte: deixar o mosteiro. "Na realidade, minha intenção não era deixar a Ordem, mas de 'fazer ordem.'"

Inspirada por uma homilia de São Bernardo sobre a fidelidade a Cristo, a moça decide deixar um sinal: "Não obstante tudo, havia um pesado conflito pelo desejo de resolver essa dificuldade que me parecia penalizar a vida religiosa e sua serenidade; por espírito de sacrifício, decidi deixar o mosteiro sem falar com ninguém. Queria ajudar a todos a tomar consciência dessa atmosfera nauseante, que não tem sentido na vida religiosa, onde ao menos a serenidade deveria ser o denominador comum de todos."

Substancialmente, a estratégia de Magdalene, talvez, fosse ditada pela ingenuidade: se, precisamente ela, a mais jovem, virtuosa, ainda afervorada por essa nova vida, deixa tudo, existe algo que não vai bem. Ao menos esse era o raciocínio que esperava suscitar com seu abandono. Mas as coisas andaram diferentes também nesse caso. Magdalene é abandonada a si mesma. Aquelas irmãs, que tanto haviam feito para levá-la para dentro, não moveram um dedo para acompanhá-la até a porta. "Por diversas ocasiões conversei com minha superiora sobre essa tensão interna que me devorava. Dizia-me que a evitasse, mas jamais chegou a tocar o fundo para saná-la. Antes, em vez de se desagradar, repreendeu-me por essa minha opção, dizendo-me que eu era uma fraca, emotivamente agarrada à minha pessoa e aos meus pais."

Reuni as forças sozinha; as mesmas forças que usei para impor minha disciplina e meu excessivo silêncio. Coisas que, com o bom-senso a seguir, considerei bobas… Naqueles dias, eu me dizia que, no fim das contas, preferia encontrar uma vida intelectual mais sólida que pudesse sustentar minha oração, antes de continuar a perder tempo com tantos sofrimentos e conflitos internos".

A 1º de novembro de 2007, dois dias antes de completar seus vinte anos, Magdalene sai do mosteiro. Ninguém a saúda ou a ajuda a preparar as bagagens. Antes, para partir, usa as roupas costumeiramente utilizadas para trabalhar no jardim. "Não via a hora de rever minha família e de festejar com ela meu aniversário. Alguns dias depois sentia-me como a pessoa com as consequências de uma bebedeira. Olhava para trás, para aqueles dois anos e via uma pessoa fechada numa comunidade. Alguma coisa rompera-se dentro de mim."

E Magdalene ainda carrega alguma coisa no coração como um peso: "É a total indiferença à minha saída da comunidade. Reagi de maneira tão radical, porque acreditava na minha vocação e queria ajudar as jovens irmãs professas que via sofrer sem compreender. Pensava que tivessem somente necessidade de uma sacudida para se converterem; ao invés, porém, dei-me conta de que havia sérios problemas enraizados; tanto que, depois de mim, três outras professas deixaram o mosteiro. Contudo, precisei de um tempo surpreendentemente longo para compreender que não era culpa minha, mais de 14 anos, muitos dos quais em tratamento psiquiátrico".

Agora Magdalene estuda em Roma, encontrou sacerdotes e uma comunidade católica que a ajudaram a ir adiante, a inscrever-se na universidade e a repropor--se objetivos. Pagaram-lhe também o aluguel de uma casa no centro da cidade. Ela diz ser feliz, sentir ainda uma Igreja que toma cuidado dela, mas é difícil preencher o vazio interior: "Cada manhã, ao acordar, penso: Por que devo ficar aqui e não posso ser irmã? Por que, pela benevolência de uma superiora, vejo-me na obrigação de percorrer uma caminhada diferente daquela que, ainda hoje, apesar de tudo, penso que Deus tenha preparado para mim?"

Elementos de avaliação

Entrevista com o Prof. Tonino Cantelmi[20]

Professor Cantelmi, quanto está difundido, proporcionalmente, o problema dos abusos na vida consagrada?

Na vida consagrada, refiro-me às formas de vida religiosa e também monástica, e atualmente existem muitas criticidades que revelam distorções de fundo importantes. O tema do abuso refere-se a formas de manipulação, comportamentos predadores, administração de poder, autoritarismos compulsivos. Penso, porém, que

---

20. Médico-Cirúrgico, especializado em Psiquiatria, Psicoterapeuta, Casado, 5 filhos. Foi o primeiro pesquisador italiano a aprofundar o estudo do impacto da tecnologia digital sobre a mente humana, determinando a dependência da tecnologia e da Internet. Em 1998, apresentou o primeiro estudo italiano sobre esse tema; em 1999, cuidou da publicação do primeiro livro sobre dependência da rede: *La mente in Internet* e, em 2020, a revista 'Psicologia Contemporânea' publicou uma estudo que resume esses vinte anos de pesquisa clínica.

Presidiu a Comissão Única para a Saúde Mental pela Região do Lácio e, atualmente, é componente perito dela. Foi perito e delegado do Ministro da Saúde e de várias Comissões Parlamentares em diversas legislaturas. Fundou, na Itália, a primeira Escola de Especialização em Psicoterapia Cognitiva Interpessoal, reconhecida pelo Miur. Especializou mais de 200 psicoterapeutas e, atualmente, 80 estão em formação. Fundou e dirige o Instituto de Terapia Cognitivo Interpessoal em Roma (o Instituto ITCI conta com cerca de 50 colaboradores). Fundou a primeira Comunidade Terapêutica (Sisifo) para o tratamento das dependências comportamentais na Itália e, atualmente, é seu Diretor Científico. Hoje exerce o cargo de Diretor sanitário e clínico científico da Obra Don Guanella (desabilidade cognitiva, autismo, distúrbios do neurodesenvolvimento).

seja importante esclarecer o problema de fundo, que é um problema que diz respeito ao sentido e ao significado de ser um consagrado e uma consagrada hoje.

Muitas congregações estão pervadidas de formas de individualismo impressionantes e a vida em comum é apenas formal, privada de conteúdo. É nesse individualismo que se criam formas de abuso caracterizadas pela busca de poder. Vê-se logo isso quando numa congregação o religioso ou a religiosa considera a estrutura da qual é superior ou a obra de caridade que lhe foi confiada uma espécie de potentado seu. Diria que nas congregações masculinas pode prevalecer uma forma de individualismo contravocacional, onde o conflito é encoberto pelo tácito respeito aos recíprocos espaços; nas femininas, é mais provável que se escondam formas submersas de sofrimentos e solidões atrozes em aparentes comunidades ativas. Outra história é a vida monástica: nos mosteiros femininos, na minha opinião, existe demasiado sofrimento não contado, demasiado dirigismo e um isolamento nem sempre sadio.

Desenvolve atividade didática universitária desde 1995, ensinou e ensina como docente contratado junto a muitas universidades. Ideou e realizou o primeiro curso universitário de Cyberpsicologia na Itália, junto à Universidade Lumsa de Roma e a seguir ativado junto à Universidade Europeia de Roma. Em novembro de 2020, o Papa Francisco o nomeou Consultou do Dicastério para o Serviço do Desenvolvimento Humano Integral. Publicou numerosos livros, traduzidos em muitas línguas.

Segundo o senhor, por que se verificam episódios nos quais superiores e responsáveis abusam de seu poder em prejuízo dos súditos?

Por vezes, a administração do poder caracteriza-se pela constituição de grupos que agem de maneira que exista uma forma de exclusão realmente cruel: sobre algumas religiosas pesa um juízo negativo particularmente severo. Isso, na realidade, demonstra uma incapacidade de algumas congregações, masculinas e femininas, de viverem uma autêntica fraternidade/irmandade: a reconstrução de relações autênticas e sadias, na minha opinião, é uma urgência que diz respeito a muitas congregações. Diria que a forma mais forte de abuso perpetrado por alguns superiores é a exclusão e a marginalização de religiosos e religiosas porque julgados negativamente ou porque não integrados em grupos de poder. A administração do poder é fonte de fortes injustiças. Nas congregações femininas é por demais frequente a incapacidade de autêntica integração e se manifesta, sobretudo, gritante miopia das superioras na administração do talento das irmãs ou monjas. Esse assunto é particularmente significativo nos últimos tempos: sempre mais religiosas, diria de modo crescente, manifestam talentos significativos, ainda inutilmente mortificados por superioras míopes. Diria que as congregações femininas, no passado relegadas a papéis mais servis em relação às masculinas, finalmente, estão manifestando a capacidade de gerar talentos muito importantes em muitos campos. O reducionismo do passado não tem mais sentido. A humanidade pós-moderna tem necessidade de religiosas capazes de exprimir todo o seu potencial. Todavia, as superioras ainda não estão prontas e, por vezes, têm pontos de vista pobres e inconsistentes.

Que danos ou traumas deixam essas adversidades nas moças/mulheres?

Nas congregações femininas, com frequência, existe demasiado sofrimento escondido. O principal dano é o esvaziamento vocacional, a perda de sentido. A saída de uma congregação ou de um mosteiro não acontece sem consequências, por vezes dramáticas. Sim, segundo o meu parecer, este é um ponto importante: é autêntica caridade apoiar irmãs ou monjas que descobrem não poder mais viver a vida religiosa. Não existe para elas um serviço de acompanhamento e de ajuda que lhes restitua o sentido do agir e novas visões vocacionais. A saída é traumática e necessita de ajuda. É importante restaurar a caminhada existencial que se interrompe e dar uma ajuda psicológica, social e econômica.

As ex-irmãs e as ex-monjas vivem um abandono impressionante e sua reinserção na sociedade é realmente difícil. Para os religiosos homens existem muito mais oportunidades; mas uma mulher que interrompe a vida religiosa (e muitas vezes depois de muitos anos) tem dificuldades imensamente maiores para se reconstruir, não apenas socialmente, mas também no plano afetivo.

Pode falar-nos de seu projeto em favor da vida consagrada "Vasi di Creta"?

"Vasi di Creta" é um serviço de acompanhamento psicológico para presbíteros, religiosos e religiosas, monjas que vivem momentos difíceis. Existem duas situações típicas. A primeira: o bispo, o superior, a madre contatam-nos para enfrentar situações problemáticas e, em geral, fazem-no quando já é tarde demais e com a vontade de livrar-se de um problema. Uma irmã perturbadora e insuportável, uma monja (talvez estrangeira) improvisamente agressiva, um sacerdote que tem demasiadas relações sexuais ou que roubou dinheiro do santuário.

Nessa situação típica, com frequência, as versões se contradizem: do mosteiro chegam relatórios secretos que dizem coisas gravíssimas daquela monja (mas que duram há dez anos) e a monja denuncia injustiças, prevaricações, comportamentos incompreensíveis das superioras e padres espirituais aliados à madre. Um caos, no qual, com frequência, perde-se de vista o bem daquele presbítero ou daquela religiosa. Nesse caso, nossa tarefa é ajudar quem envia e a pessoa enviada a resolver o conflito, tendo presente o bem da pessoa e o bem da comunidade que envia. Às vezes, a saída da vida religiosa é inevitável e nós procuramos construir caminhos de retomada. Às vezes, conseguimos recompor os conflitos e fomentar a reinserção na vida religiosa. Aqui, quem faz a diferença é a qualidade de vida da comunidade de pertença e a clarividência dos superiores.

Qual é a segunda situação típica de que fala?

O religioso, a religiosa, sente ter dificuldade e pede ajuda, e os superiores não ouvem seu pedido ou o subavaliam. Tudo parte dela ou dele, procura ajuda, talvez esconda isso dos superiores. Nesse caso, a dificuldade consiste em construir entre as superioras e a religiosa um diálogo que seja construtivo e, sobretudo, que acolha as instâncias de crescimento da pessoa. Trata-se de pôr em discussão aspectos da vida comunitária que são considerados inquestionáveis, ou de valorizar as pessoas com modalidades mais flexíveis.

Pessoalmente, creio que a vida religiosa em geral, e a feminina em particular, tenha ainda muito a dizer à humanidade, mas que poderá realmente ser crível somente se souber construir relações sadias e autênticas e gerar uma vida comunitária onde todas possam ser, de fato, acolhidas e valorizadas. A época do autoritarismo dos superiores e do poder absoluto sobre a vida das pessoas a eles confiadas realmente já se fechou; todavia, a maior parte dos conflitos está ligada a uma substancial incapacidade dos superiores de ouvir, realmente, as pessoas. O ponto central é a qualidade das relações entre os consagrados e as consagradas e a qualidade da vida em comum: relações boas fazem boas religiosas, relações malsãs e vazias de sentido geram sofrimentos imensos. E não vale instrumentalizar a obediência para cobrir incapacidades culposas de alguns superiores.

Pode contar-nos um caso concreto entre aqueles que já examinou?

Quero contar a história de Elisa, uma monja de clausura que, depois de alguns anos vividos no mosteiro, começa a manifestar ataques de pânico. As outras monjas e a madre interpretam esses ataques de pânico em sentido espiritual, por isso pedem que Elisa intensifique a ascese. Esse é o primeiro erro que se comete de maneira tão evidente. Na realidade, também os ataques de pânico, mesmo sendo uma patologia e, portanto, pertencendo à história pessoal de Elisa, devem ser relacionados a não fáceis relações dentro do mosteiro. Elisa sente-se sempre mais julgada, a comunidade a vive de maneira sempre mais perturbadora, cresce o conflito entre ela, a madre e as outras monjas, e rapidamente a situação se torna insustentável. Nesse ponto, já passaram alguns anos e a situação da moça torna-se asfixiante. Nesse estado crítico, as monjas pedem uma ajuda. Naquela época, ocupava-me em ajudar as irmãs que apresentassem dificuldades de natureza psíquica, acolhendo-as junto a uma estrutura administrada por outras irmãs de vida ativa, com a permissão da Congregação para a Vida Consagrada. Portanto, Elisa chega à estrutura e inicia um período com uma psicóloga, coadjuvada por um tratamento farmacológico.

O quadro clínico está em substancial remissão e reenviamos Elisa para o próprio mosteiro; mas, naquela circunstância, a volta, infelizmente, é comprometida por toda a história precedente, que durara tempo demais. A moça está desesperada, e dessa vez apresenta um quadro clínico que se agrava: além de ataques de pânico, depressão, senso de solidão, desespero e até reações de suicídio. A comunidade monástica lhe é decididamente hostil e é muito expulsiva.

De que maneira, então, pôde-se ajudar essa moça?

Na realidade, teria sido necessária uma intervenção em toda a comunidade monástica; mas isso se tornou impossível. Elisa é novamente enviada para a estrutura de acolhimento e, desta vez, o projeto para ela prevê, a pedido de suas superioras, a demissão do estado clerical. Elisa torna-se, pois, uma ex-monja. Aparece uma série de problemas: ela não tem as competências para desempenhar uma profissão, não tem títulos de estudo possíveis, não tem amizades, não quer voltar para a própria cidade de origem, que é uma pequena cidade no sul da Itália, não quer rever a própria família.

Todavia, Elisa é uma mulher muito inteligente e, mediante o relacionamento com verdadeiros benfeitores, consegue sobreviver, embora em condições extremamente difíceis. Chega a não poder mais pagar as terapias, sustentos e outras formas de acolhimento. Nesse ponto, dirige-se novamente a mim e a faço acompanhar em outra estrutura, onde fazemos seguir períodos de reabilitação para religiosos e ex-religiosos. A estrutura chama-se "Sisifo" e é uma comunidade terapêutica que se ocupa em enfrentar, através de um modelo integrado, os temas da dependência comportamental. Elisa apresenta muitas formas de dependência afetiva e nesse estado abrigam-se os sintomas de pânico. Nesse período, Elisa demonstra capacidades extraordinárias, interage muito bem com outros ocupantes e estabelece uma boa relação, sadia e autêntica, com um sacerdote. Graças a esse sacerdote encontra, depois, um trabalho. Portanto, para Elisa se inicia uma nova vida.

De seu passado ficaram traços?

Sim, Elisa começou a trabalhar, mas encontrou muitas dificuldades. Transferiu-se para uma grande cidade, não tem amizades, continua a frequentar ambientes religiosos. Nesse ponto, retoma a psicoterapia em nosso centro. Nesse contexto terapêutico sugerimos-lhe mudar de padre espiritual e aceitar uma madre espiritual, ou seja, uma irmã de vida ativa, muito boa, com a qual inicia uma caminhada. Em Elisa, reapresenta-se o tema da vocação. O trabalho feito com essa "madre" é intenso, muito eficaz, e abre novos horizontes e novas esperanças para a moça. Elisa começa a fazer uma caminhada de ingresso numa comunidade de irmãs de vida ativa, totalmente diferente da precedente experiência monástica. Todavia, decide não entrar exatamente na comunidade religiosa, mas viver com as irmãs, prestar serviço à comunidade, continuar a trabalhar fora e reconstruir uma nova identidade para si mesma. Não sei qual será o futuro de Elisa: se há de prever uma vocação realizada no plano da vida religiosa, ou se, ao invés, para ela será melhor manter uma situação de vida de serviço, mas não consagrada.

A obediência
Aspectos teológicos e jurídicos

Prof. Giorgio Giovanelli[21]

Nos últimos anos, saltaram para as crônicas das revistas eclesiais fatos acontecidos nas comunidades religiosas femininas, que não passaram inobservados: comportamentos e atitudes assumidos ou exigidos em nome da obediência, escondem, por vezes, profundezas não resolvidas nas pessoas deputadas para o governo. Querendo fazer passar sob obediência certos pedidos, na realidade não se dão conta de que essa obediência tem bem pouco valor evangélico e que, infelizmente, não representa uma discrição pastoral, e sim um arbítrio e, por vezes, hostil vingança, inserida dentro de um contexto teocrático que não pode ser posto em discussão.

---

21. Docente encarregado de Normas Gerais I junto à Pontifícia Universidade Lateranense, Cidade do Vaticano, Ph. D. em Teologia Moral, Ph. D. em Direito Canônico.

O objetivo, que esta contribuição se propõe, é considerar o serviço da autoridade na Igreja e as tutelas que a organização jurídica prevê contra eventuais abusos de poder que poderiam ser infringidos às pessoas que optaram por consagrar a Deus e a Igreja sua vida e seu serviço. Depois de uma breve reflexão teológica, alimentada pelo autorizado Magistério da Igreja, deter-nos-emos sobre os aspectos jurídicos, considerando os instrumentos que a ordenação canônica põe à disposição de todos os fiéis.

1. A autoridade na Igreja: aspectos teológicos

O atual Código de Direito Canônico, no cânon 573, afirma que: "A vida consagrada, pela profissão dos conselhos evangélicos, é uma forma estável de viver, pela qual os fiéis, seguindo mais de perto a Cristo sob a ação do Espírito Santo, consagram-se totalmente a Deus, sumamente amado, para assim, dedicados por título novo e especial à sua honra, à construção da Igreja e à salvação do mundo, alcançarem a perfeição da caridade no serviço do Reino de Deus e, transformados em sinal preclaro na Igreja, prenunciarem a glória celeste".

Com base ao cânon citado, a vida consagrada, que constitui um "estado de vida" na Igreja, vê-se composta de três elementos:

a) a profissão dos conselhos evangélicos de pobreza, castidade e obediência através de votos ou outros vínculos sagrados e jurídicos, segundo o direito próprio de cada instituto;

b) o cumprimento do projeto primário que, em síntese, é a *sequela* de Cristo vivida mais de perto e totalmente;

c) o anúncio de tal modo que o reino celeste é como que antecipado na vida dos consagrados.

Dentro dos conselhos evangélicos emerge, do cânon 601, para o fim de nossa contribuição, o da obediência, que "obriga à submissão da vontade aos legítimos superiores, que fazem as vezes de Deus, quando ordenam de acordo com as próprias Constituições". Tal cânon exige um aprofundamento, não tanto para aqueles que são obrigados a ele quanto antes para aqueles que são chamados a exercer o governo. Para tal fim, a 11 de maio de 2008, a Congregação para os Institutos de Vida Consagrada e as Sociedades de Vida Apostólica ofereceram à Igreja a Instrução *O serviço da autoridade e a obediência*, com o objetivo de enquadrar esses aspectos, fundamentais em tal opção de vida, segundo a mais autorizada interpretação evangélica do seguimento a Cristo casto, pobre e obediente.

O luminoso texto afirma que: "a intenção principal dessa Instrução é a de reafirmar que obediência e autoridade, embora praticadas de muitos modos, têm sempre uma relação peculiar com o Senhor Jesus, Servo obediente". Sempre em tal contexto, a congregação sublinha que a autoridade é chamada a um tríplice serviço, ou seja, "a cada uma das pessoas chamadas a viver a própria consagração; a construir comunidades fraternas; a participar da missão comum".

Prosseguindo no texto, a citada Instrução põe em evidência que a atitude da obediência tem suas raízes na busca do rosto de Deus, de sua vontade e, "procurar a vontade de Deus significa buscar uma vontade amiga, benévola, que quer nossa realização, que deseja, sobretudo, a livre-resposta de amor ao seu amor, para fazer de nós instrumentos do amor divino. É nessa *via amoris* que desabrocha a flor da escuta e da obediência".

O Cardeal Raniero Cantalamessa, pregador da Casa Pontifícia, afirma que "é relativamente simples descobrir a natureza e a origem da obediência cristã […]. O verdadeiro fundamento da obediência cristã não é uma ideia de obediência, mas é um ato de obediência; não um princípio (o inferior deve submeter-se ao superior), mas um evento; […] tal fundamento é que Cristo 'se fez obediente até a morte' (Fl 2,8); que Cristo 'aprendeu a obediência por meio dos sofrimentos e, tendo chegado à perfeição, tornou-se causa de salvação eterna para todos os que lhe obedecem' (Hb 5,8-9). […] A grandeza da obediência de Jesus, *objetivamente* mede-se 'por meio dos sofrimentos' e *subjetivamente* pelo amor e pela liberdade com as quais obedeceu".

Citando São Basílio, Cantalamessa chega a uma síntese: "São Basílio distingue três disposições com as quais pode-se obedecer: primeiro, por medo do castigo, e é a disposição dos escravos; segundo, por desejo do prêmio, e é a disposição dos mercenários; terceiro, por amor, e é a disposição dos filhos. Em Jesus refulge em grau supremo e infinito a obediência filial".

A obediência do religioso, radicada, como já se disse, na obediência de Cristo, é certamente obediência a Deus; ela passa, porém, através de formas concretas, que incidem na nossa cotidianidade. Como todos os cristãos, o religioso é obrigado, primeiramente, à obediência à Palavra de Deus: "a obediência própria da pessoa crente, então, é a adesão à Palavra com a qual Deus revela e comunica a si mesmo, e através da qual renova, cada dia, a sua aliança de amor".

Se todos os cristãos são obrigados à obediência à Palavra de Deus, a obediência do religioso passa através de precisas mediações humanas. Em relação à mediação da autoridade humana, o Cardeal Cantalamessa oferece uma lúcida análise do nosso tempo: "Talvez, se existe crise de obediência em nosso mundo é porque, ainda antes, existe crise de autoridade, dessa autoridade. Novamente, isso não significa atenuar a importância da instituição e do cargo, ou fazer depender a obediência do súdito somente do grau de autoridade espiritual e de autoridade do superior, o que seria o fim de toda a obediência. Significa somente que quem exerce a autoridade deve fundamentar-se o menos possível, ou somente em última instância, sobre o título ou sobre o cargo que desempenha e o mais possível, ao contrário, sobre a união de sua vontade com a de Deus, isto é, sobre sua obediência; enquanto o súdito não deve interrogar-se ou pretender saber se a decisão do superior é ou não conforme à vontade de Deus, ele deve presumir que o seja".

Certamente, por vezes, a obediência pode demonstrar-se particularmente difícil e dolorosa; particularmente, quando somos chamados a pôr de lado as nossas aspirações, os nossos desejos, e isso por um projeto mais amplo, por um bem superior; trata-se de "aprender a obediência" também pelo sofrimento, entregando-se, por amor, nas mãos da Igreja e, através dela, nas mãos do próprio Cristo. À luz disso tudo, a citada Instrução recorda: "É indispensável, pois, que cada um se torne disponível ao Espírito, a começar pelos superiores, que recebem a autoridade exatamente do Espírito e, 'dóceis à vontade de Deus', devem exercê-la sob sua orientação".

Feita essa afirmação, o Dicastério para a Vida Consagrada reafirma algumas prioridades no serviço da autoridade:

a) Na vida consagrada, a autoridade é antes de tudo uma autoridade espiritual.

b) A autoridade é chamada a garantir à sua comunidade o tempo e a qualidade da oração.

c) A autoridade é chamada a promover a dignidade da pessoa humana.

d) A autoridade é chamada a infundir coragem e esperança nas dificuldades.

e) A autoridade é chamada a manter vivo o carisma da própria família religiosa.

f) A autoridade é chamada a manter vivo o *sentire cum Ecclesia*.

g) A autoridade é chamada a manter viva "a caminhada de formação permanente".

A congregação chama a atenção para os cânones 617-619, referentes ao governo dos institutos; gostaria de sublinhar aspectos do Código reafirmados também pela Instrução: "Depois de reafirmar a origem carismática e a mediação eclesial da autoridade religiosa, reafirma-se que, como qualquer autoridade na Igreja, também a autoridade do superior religioso deve caracterizar-se pelo espírito de serviço [...]. Em particular, de tal espírito de serviço são indicados alguns aspectos, cuja fiel observância fará que os superiores, no cumprimento de seu cargo, sejam reconhecidos como 'dóceis à vontade de Deus'. Portanto, todo superior é chamado a fazer reviver visivelmente, irmão entre irmãos ou irmã entre irmãs, o amor com o qual Deus ama seus filhos, evitando, por um lado, qualquer atitude de domínio e, por outro, qualquer forma de paternalismo ou maternalismo […]. Como fim primário do poder religioso, o Código indica o de 'construir em Cristo uma comunidade fraterna, na qual se busque a Deus, que seja amado sobre todas as coisas'. Portanto, na comunidade religiosa, a autoridade é essencialmente pastoral, enquanto, por sua natureza, está totalmente em função da construção da vida fraterna em comunidade, segundo a identidade eclesial própria da vida consagrada. Os principais meios, que o superior deve utilizar para conseguir tal fim primário, só podem ser baseados na fé: eles são, em particular, a escuta da Palavra de Deus e a celebração da liturgia".

Feitas, então, as devidas considerações teológicas sobre a origem e o sentido autêntico da obediência na vida da Igreja e, em particular, na vida consagrada, passemos agora às tutelas que o Código prevê sempre que a obediência não corresponder à sua íntima natureza e identidade até agora analisadas.

2. As tutelas regulamentais

O cânon 618 do atual Código afirma o seguinte: "Os superiores exerçam em espírito de serviço o seu poder, recebido de Deus pelo ministério da Igreja. Dóceis, portanto, à vontade de Deus no desempenho do cargo, governem seus súditos como filhos de Deus, e promovam, com todo o respeito à pessoa humana, a obediência voluntária deles e os ouçam de bom grado" [...].

O citado cânon põe em evidência a necessidade, como é óbvio que assim seja, ao respeito da pessoa humana e da sua dignidade e à *Suprema Lex* da própria ordenação que é a *salus animarum*. O atual cânon 1389 §1, substituto do cânon 1378 depois da entrada em vigor do novo *Liber VI* do Código, afirma: "Quem abusa do poder ou ofício eclesiástico seja punido segundo a gravidade do ato ou da omissão, não excluída a privação do ofício, a não ser que já se estabeleça, na lei ou no preceito, pena contra esse abuso".

Portanto, toda a atitude do superior em relação aos súditos, que seja lesiva à dignidade da pessoa e que se configure como abuso de poder, vê a ativação das tutelas regulamentais através do primeiro passo que o religioso é chamado a pôr em ação: a denúncia junto à competente autoridade.

Se o abuso, que, com frequência, se caracteriza por maus-tratos psicológicos, chantagens, marginalizações, pressões indevidas etc., é perpetrado pelo superior da casa, o religioso poderá apresentar formal denúncia, baseando-se sobre os fatos, ao superior maior competente. *Ad cautelam*, aconselho o envio de uma cópia autêntica também ao competente Dicastério da Santa Sé, a Congregação para os Institutos de Vida Consagrada e as Sociedades de Vida Apostólica, de modo que ele possa vigiar o prosseguimento do caso, evitando o risco de abafamentos e ocultamentos dos fatos.

O superior maior competente procederá segundo a norma da lei, verificando, *in primis*, a verossimilhança da denúncia, ou seja, se os fatos expostos são de verossímil comissão. A seguir, poderá optar por arquivar a denúncia ou dar início a um inquérito prévio, segundo os cânones 1717-1719, investigando pessoalmente ou, como seria melhor, através de pessoa delegada. Propositadamente, evito entrar na técnica processual; recordo, porém, as fases que constituem o processo.

O investigador investigará sobre fatos, circunstâncias e imputabilidades, ouvindo pessoas que possam estar informadas dos fatos, a própria pessoa denunciante e, eventualmente, também a parte contrária. O inquérito prévio inicia por um ato administrativo singular que é o decreto, assim como se fecha através de um decreto. Ao término da *Investigatio*, o superior competente deve decidir se arquivar ou proceder e, se tiver de proceder, deverá escolher pela via judicial ou administrativa. A legislação torna presente que a via judicial é a que deve ser preferida e, somente se subsistirem justas causas que obstam para ela, segundo o cânon 1342, poder-se-á proceder com a via administrativa.

A via administrativa, sendo mais facilmente percorrível, não implica igual facilidade e precisão no exercício da defesa; tal processo é excessivamente rápido; nele não existe um real e verdadeiro contraditório, não eliminando, além disso, dúvidas sobre a validade de uma decisão assumida por um juiz que não é *super partes* e que não goza da devida imparcialidade em relação à causa que é chamado a dirimir.

A famosa Alocução de João Paulo II de 26 de janeiro de 1989 oferece múltiplos pontos de reflexão sobre o assunto: o papa recorda que não é possível um juízo justo sem o contraditório, sem a possibilidade de a parte ser ouvida e dar a conhecer e contradizer as acusações movidas contra ele e por tal direito; no processo penal, reafirma o Supremo Legislador, não pode, absolutamente, faltar. O cânon 1720 não o prevê expressamente; portanto, como poderemos afirmar que tal processo garante o direito de defesa, conforme o exige a natureza do homem?

A imparcialidade do órgão julgador, não presente no processo administrativo, é de fundamental importância, como de fundamental importância é a estabilidade do ofício de juiz. Garante-se, assim, a necessária autonomia em relação ao Ordinário, evitando que os juízes nomeados *ad casum* se sintam na obrigação de satisfazer às implícitas exigências que se entreveem na opção de iniciar um processo penal e, mais ainda, administrativo. O cânon 1720, além disso, não faz menção alguma da necessidade de um patrono para o exercício da defesa. Tal silêncio legislativo deve ser integrado com a Alocução de João Paulo II, já citada, a qual prevê a absoluta obrigatoriedade, como aliás em todo o âmbito penal, da presença do patrono.

Todas essas considerações levam, obviamente, a afirmar que o processo penal judicial oferece, certamente, maiores garantias; enquanto assegura processos mais convenientes ao exercício da defesa, permite ao juiz consolidar uma maior certeza moral sobre a existência dos fatos mediante a aquisição judicial das provas, das circunstâncias, da imputabilidade; consente determinar com maior exatidão moral o grau de *damnum sociale* causado pelo delito e, não por último, consente aplicar com senso verdadeiramente pastoral a justa pena, avaliados todos os elementos e as circunstâncias.

Sintetizando: a via judicial oferece um maior grau de imparcialidade, de objetividade e de independência; tutela mais a defesa dos direitos do imputado. Tudo aquilo que se descreveu não se verifica na via administrativa, na qual, não só não é previsto um debate entre as partes, mas não é previsto nem o pronunciamento de um juiz terceiro e estranho aos fatos, já que o próprio Ordinário é juiz e parte da causa.

Se, por um lado, é verdade o que afirmam alguns autores que, baseando-se sobre análises da jurisprudência rotal sobre o direito ao justo processo, destacam que também na ordenação canônica existe a afirmação de tal direito para garantir a justiça da decisão e definem o justo processo como aquele que chega à verdade, sem excessos nem escrúpulos patológicos, por outro lado, é também verdade que na previsão normativa do processo administrativo dele não existe expressa menção.

Da análise do atual Código, podemos verificar que as garantias de tutela de um justo processo estão presentes: pela predeterminação das formas e dos termos do processo que, mesmo concedendo ao juiz uma certa discricionalidade, garantem que o processo seja justo ao tutelado princípio de legalidade, especialmente em matéria penal, com a reserva de lei, com a irretroatividade da mesma e com a taxatividade dos casos penais. Considerando o elemento do direito à defesa, não podemos duvidar de sua tutela na ordenação canônica, que contempla o direito do fiel ao juízo, conforme o cânon 221 §1, segundo o qual adir em juízo pelo reconhecimento e a tutela das situações violadas; o direito à defesa técnica que, como temos visto, em âmbito penal é obrigatoriamente confiada a um advogado; o direito à instauração do contraditório, sempre segundo a norma do cânon 221 §1 e disciplinada pelos cânones 1513ss.; mas, seja-me consentido objetar que, naquilo que se refere ao processo penal administrativo, devemos sempre completar por via analógica, e bebendo em outras fontes, a insuficiência de previsão legislativa.

O presente escrito, longe de querer ser um tratado exaustivo sobre o tema, do ponto de vista jurídico e teológico, por um lado, propôs-se somente oferecer pontos de reflexão, mas, por outro lado, também a perspectiva de uma via concreta, manifestando assim o cuidado e a atenção da Igreja para cada situação, na qual a dignidade humana possa ser violada, paradoxalmente, em nome de Deus.

Agradecimentos

Como conclusão deste trabalho, desejo agradecer, primeiramente, a Deus pela força e pelo sustento que dá cada dia a mim e à minha família. Precisamente à minha família, dom especial, vai a mais profunda gratidão: em primeiro lugar à minha esposa, Maria, porque me suporta e me apoia, sabe aconselhar-me quando frear e quando acelerar, sustenta-me e me estimula. Depois, obrigado aos meus filhos, Francesco, Giulia, Agnese e ao pequeno Pietro que, no momento da redação deste livro, ainda não vira a luz. A seu modo, souberam dar uma pequena contribuição, também só fazendo silêncio e deixando de brigar durante as telefonadas.

Quero agradecer, depois, ao Papa Francisco por seu magistério que, diariamente, me põe em discussão como homem e como cristão, ajuda-me a refletir e a amadurecer, a agir em humildade e a rever aquilo que eu pensava serem as prioridades. Agradeço-lhe, em particular, o constante estímulo à transparência e à verdade na Igreja.

Um obrigado especial só pode ir ao Padre Giovanni Cucci SJ, sem ele este livro não teria sido possível. Sua coragem, seus estudos, sua real preocupação por esse grave problema interno da Igreja são a espinha dorsal de qualquer capítulo.

Agradeço à Irmã Nathalie Becquart pela confiança que depositou em mim e a disponibilidade logo demonstrada, apesar dos inúmeros compromissos. Agradeço ao Professor Tonino Cantelmi e ao Professor Padre Giorgio Giovanelli que, generosamente, enriqueceram essas páginas. Obrigado à Irmã Eleia Scariot por ter-me aberto as portas de sua casa e pela obra realizada cada dia em favor de quem está ferido.

Dizer obrigado a meus pais seria demasiado pouco diante do bem que fizeram e continuam a fazer há 34 anos até o presente. São minha rocha e meu sustento. Como o é também meu irmão Gianmarco, grande ponto de referência.

Depois, deveria escrever "obrigado" sobre os muros de Roma para Stefania Falasca, colega, mas, sobretudo, amiga. Seus conselhos jamais pagos, tecidos de inteligência, profissionalidade, humanidade, dados entre um aplauso e uma repreensão, mas sempre com espírito materno, são o fundamento no qual baseio minha profissão.

Do fundo do coração, agradeço a Andrea Tornielli, fonte de inspiração e profissional de quem cada dia devo aprender. Dele os ensinamentos mais preciosos para desenvolver um jornalismo sério que, se na verdade suja "a sola dos sapatos", como pede o papa, jamais, porém, suja a consciência.

Obrigado a Gianni Valente, amigo e também ele mestre, por suas sábias indicações.

Não pode faltar o agradecimento à grande família de *Vatican News* que, desde abril de 2021, ouviu-me com raro afeto. O mais forte obrigado vai a Massimiliano Menichetti, meu mentor e modelo, e à Irmã Bernadette Reis: só ela sabe quanto posso ser-lhe grato... Obrigado a Alessandro Gisotti, Sergio Centofanti e Alessandro De Carolis. Obrigado, naturalmente, às minhas "fadas madrinhas" Gabriella Ceraso, Benedetta Capelli, Emanuela Campanile, Francesca Sabatinelli, e ao grande Giancarlo La Vella. Obrigado a Felipe Herrera Espaliar, por seu afeto e sua simpatia. E obrigado a todos os outros e outras colegas dos quais até agora recebi testemunhos de estima e grande ajuda.

Obrigado ao prefeito do Dicastério para a Comunicação, Paolo Ruffini. Como também, obrigado a todos os amigos da Sala Stampa vaticana, "casa acolhedora", a começar pelo Diretor Matteo Bruni e pela Vice-diretora Cristiane Murray, à qual devo muito.

Enfim, gostaria de agradecer a tantos colegas que há anos estão ao meu lado e com os quais partilhei acontecimentos pequenos e grandes, em Roma, no Vaticano, no estrangeiro: cada um deles, de algum modo, estimulou meu trabalho. Cito alguns deles, só porque não bastaria uma página. Começo por Junno Arocho Esteves e Rocío Lancho García, amigos fraternos; depois Luis Badilla e a equipe de *Il Sismografo*, Francesco Antonio Grana, Cristiana Caricato, Marie Malzac, Teresa Tseng, Maria Elena Ribezzo, Domenico Agasso, Silvina Perez, Michela Nicolais, Vania De Luca, Franca Giansoldati, Eva Fernández, Iacopo Scaramuzzi, Manuela Tulli, Cindy Wooden, Phil Pullella, Loup Bermond de Seneville.

Agradeço à Ilaria Schincaglia, pessoa de inteligência fora do comum. Sua lucidez de análise e seu amor pela Igreja ajudaram-me a entrar ainda mais profundamente na realidade da vida consagrada feminina e a observá-la nas suas múltiplas facetas.

Obrigado a Maria, inspiradora e motor desse projeto.

Obrigado também a todos os meus familiares e a meus amigos, entre estes, em particular, Laura Perrotti, pela fundamental ajuda e pelas consultas.

Obrigado ao Padre Simone Bruno por ter acreditado logo neste trabalho e obrigado a Luca Cripa por sua proximidade atenta.

Por fim, mas não por último, agradeço a todas as mulheres e moças que quiseram deixar seu testemunho para este livro. Não é necessário que acrescente outras palavras: bastam as vossas, símbolo de força, de fé, de coragem.

Conecte-se conosco:

 facebook.com/editoravozes

 @editoravozes

 @editora_vozes

 youtube.com/editoravozes

 +55 24 2233-9033

www.vozes.com.br

Conheça nossas lojas:

www.livrariavozes.com.br

Belo Horizonte – Brasília – Campinas – Cuiabá – Curitiba
Fortaleza – Juiz de Fora – Petrópolis – Recife – São Paulo

EDITORA VOZES LTDA.
Rua Frei Luís, 100 – Centro – Cep 25689-900 – Petrópolis, RJ
Tel.: (24) 2233-9000 – E-mail: vendas@vozes.com.br